ÉVOLUTIONNISME

EN MORALE

ÉTUDE SUR LA PHILOSOPHIE DE HERBERT SPENCER

PAR

JEAN HALLEUX

Chargé de Cours à l'Université de Gand

PARIS
FÉLIX ALCAN, ÉDITEUR
ANCIENNE LIBRAIRIE GERMER BAILLIÈRE ET Cie
108, BOULEVARD SAINT-GERMAIN, 108
—
1901

L'HYPOTHÈSE ÉVOLUTIONNISTE
EN MORALE

L'ÉVOLUTIONNISME
EN MORALE

ÉTUDE SUR LA PHILOSOPHIE DE HERBERT SPENCER

PAR

JEAN HALLEUX

Chargé de Cours à l'Université de Gand

PARIS
FÉLIX ALCAN, ÉDITEUR
ANCIENNE LIBRAIRIE GERMER BAILLIÈRE ET Cⁱᵉ
108, BOULEVARD SAINT-GERMAIN, 108
—
1901

LOUVAIN

Imprimerie. — POLLEUNIS & CEUTERICK, rue des Orphelins, 32.

Même Maison à Bruxelles, 37, rue des Ursulines.

L'hypothèse évolutionniste en Morale.

L'hypothèse de l'évolution n'est pas restée confinée dans le domaine purement scientifique. Elle a donné naissance à une conception nouvelle de l'ordre moral. Nous nous proposons de l'étudier ici à ce point de vue. On sait la place prépondérante que Spencer occupe parmi les représentants de l'école évolutionniste. Les écrits du penseur anglais n'ont pas peu contribué à la diffusion de la nouvelle doctrine. Nous ne pouvons donc mieux faire que de le prendre pour guide ici. Dans ses Premiers principes, Spencer *expose les idées fondamentales de sa philosophie ; dans sa* Morale évolutionniste, *il en étudie les applications à la conduite humaine. C'est ce dernier ouvrage qui fera l'objet de cette étude. Notre travail comprendra deux parties : la première consacrée à l'exposé du système, la seconde à sa discussion.*

PREMIÈRE PARTIE.

Les principes de la Morale évolutionniste.

I.

L'IDÉE FONDAMENTALE DU SYSTÈME ET L'OBJET PROPRE DE LA SCIENCE MORALE.

Une loi de progrès régit l'univers, déterminant le passage du simple au complexe. Cette loi a fait sortir, par une évolution insensible, le règne organique du règne inorganique, et dans le règne organique, les formes supérieures de la vie des formes inférieures. L'origine bestiale de notre espèce, l'identité de nature de l'homme et de l'animal est une conséquence immédiate de l'hypothèse évolutionniste, telle que la conçoit Spencer.

Mais si l'homme et l'animal sont de même nature, les lois qui régissent leur conduite respective ne différeront pas essentiellement les unes des autres. Elles ne seront que des applications ou des aspects particuliers de la loi générale de progrès que manifeste la marche de l'univers.

Or, la science morale étudie les applications de cette loi à la conduite animale et plus particulièrement à la conduite humaine.

Pour mieux faire comprendre cette définition, il nous faut préciser ce qu'on entend par *conduite*.

II.

DÉFINITION DE LA CONDUITE.

Il existe deux espèces d'actes ou de phénomènes vitaux. Les uns s'accomplissent dans l'intimité de l'organisme, ce sont les opérations physiologiques ou fonctions, et les faits psychiques (sensations, pensées, volitions, etc.); les autres sont extérieurs et visibles. J'avance la main pour saisir un objet, voilà un acte extérieur en relation intime avec certaines opérations ou phénomènes internes, comme des sensations, des désirs, des mouvements nerveux et musculaires.

Or, parmi les actes extérieurs, il en est qui résultent simplement de phénomènes internes, sans qu'il soit possible de leur assigner aucun but. Tels, certains gestes inconscients accomplis machinalement, certaines contractions musculaires du visage par lesquelles se trahissent parfois nos sentiments intimes. Tels encore, les mouvements désordonnés d'un épileptique. Ces actes ne sont pas des moyens, mais de simples effets. D'autres actes, au contraire, se rapportent à une fin déterminée. Réunissant par la pensée toutes les actions visibles ou extérieures adaptées à des fins et accomplies par des animaux ou des hommes, Spencer leur applique la dénomination générale de « conduite ».

Mais toutes les fins particulières auxquelles sont adaptés les actes d'un homme ou d'un animal se subordonnent elles-mêmes à une fin plus générale : la conservation, l'augmentation de la vie. Ainsi la conduite doit se définir *l'ensemble des actions extérieures ou visibles ayant pour mobile prochain ou éloigné l'instinct de conservation.*

Cet instinct peut être égoïste ou altruiste, il peut avoir pour objet la conservation de l'individu ou celle de l'espèce. De là une distinction que Spencer établit entre la conduite individuelle, et la conduite familiale, collective ou sociale.

La première est l'ensemble des actes par lesquels l'être cherche à conserver sa propre existence ; la seconde se rapporte aux soins que l'animal prend de sa progéniture ; enfin la conduite est dite sociale ou collective lorsqu'elle pourvoit aux besoins d'autrui, abstraction faite de toutes relations de parenté.

III.

ÉVOLUTION DE LA CONDUITE.

« La conduite, nous dit Spencer, suit une évolution parallèle à celle des structures et des fonctions. » Qu'est-ce à dire ? A mesure que l'on s'élève dans la hiérarchie des êtres, on trouve, en même temps que des organes et des fonctions plus complexes, une conduite plus développée. Mais en quoi consiste ce développement ? Les organismes qui occupent les degrés inférieurs du règne animal exécutent certains mouvements auxquels il est impossible d'assigner un but. Un infusoire, par exemple, se meut comme au hasard et semble le jouet d'impulsions étrangères. Chez de tels êtres, les actes adaptés à des fins sont en petit nombre et d'une grande simplicité. De plus, les adaptations sont imparfaites. Les animaux inférieurs n'ont, pour protéger leur vie que des moyens d'une efficacité restreinte ; à la merci de leurs ennemis, ils semblent uniquement destinés à leur servir de pâture. De là le caractère essentiellement éphémère de leur existence.

Chez les animaux supérieurs, au contraire, les actes accomplis en vue d'un but sont nombreux, une multitude de fins particulières et immédiates se subordonnent naturellement à une fin générale : la conservation de l'individu et de l'espèce. Il en résulte une conduite plus complexe. Cette conduite est en outre plus efficace que celle des êtres inférieurs : les actes sont d'autant mieux adaptés à leurs fins que l'organisme est plus développé et appartient à une espèce plus élevée. Le mammifère se défend mieux contre ses ennemis que l'infusoire dont nous avons parlé tantôt.

De même, la conduite des hommes comparée à celle des animaux présente des adaptations à la fois plus nombreuses et plus parfaites d'actes à des fins. Et parmi les hommes eux-mêmes, les sauvages veillent à la conservation de leur existence avec une sollicitude beaucoup moins efficace que les peuples civilisés. Il suffit, pour s'en convaincre, de voir comment les uns et les autres se nourrissent et se protègent contre les intempéries des saisons.

L'évolution de la conduite se poursuit donc parallèlement à celle des structures et des fonctions, elle se caractérise par une complexité et une efficacité croissantes. Cette conclusion ne s'appuie pas seulement sur les faits, elle se justifie par des considérations *a priori*. Un moyen est d'autant meilleur qu'il est plus efficace. La conduite n'étant qu'un ensemble de moyens mis en œuvre pour assurer la conservation et l'augmentation de la vie, sa perfection devra se mesurer à son degré d'efficacité. Mais il importe de bien comprendre la façon dont Spencer entend l'augmentation de la vie, fin suprême de toute conduite. La conduite la plus développée ne sera pas nécessairement celle qui assurera à l'individu la plus longue durée d'existence. « La longueur de la vie, écrit Spencer, n'est point par elle-même la mesure de l'évolution de la conduite, il faut encore tenir compte de la quantité de vie » [1]); et

[1]) *Morale évolutionniste*, trad. Bibliothèque scientifique internationale (Em. Alglave).

ailleurs : « L'augmentation de la vie ne doit pas seulement se mesurer dans le sens de la longueur, mais encore dans le sens de la largeur ». C'est-à-dire, si nous comprenons bien, qu'il faut tenir compte ici de la complexité de la conduite.

Le propre d'une conduite développée est d'augmenter la vie, mais il y aura augmentation de vie par le fait même que les actions se multiplieront et manifesteront des facultés plus variées.

Ainsi de deux animaux, le plus vivant ne sera pas nécessairement celui dont l'existence atteindra le plus long terme, mais plutôt celui qui dans un temps donné dépensera la plus grande somme d'énergie. Pour apprécier les résultats d'une conduite, il faut donc tenir compte tout à la fois et de la durée et de la quantité de vie. Telle est bien la pensée de Spencer, lorsqu'il écrit : « Pour estimer la vie, nous en multiplierons la longueur par la largeur et nous dirons que l'augmentation vitale qui accompagne l'évolution de la conduite résulte de l'accroissement de ces deux facteurs ».

Il est facile, après cela, de s'élever à la conception d'une conduite idéale ou absolument parfaite.

Plaçons-nous tout d'abord au point de vue de

la conservation et du développement de l'individu. La conduite individuelle la plus parfaite permettra à l'agent de vivre le plus longtemps possible, en même temps qu'elle comportera l'activité vitale la plus énergique et la plus variée. Par le fait d'une telle conduite, l'adaptation de l'organisme à son milieu sera adéquate. Grâce à l'action combinée de ses fonctions et de sa conduite, l'animal réagira efficacement contre les influences nuisibles. Cette adaptation parfaite de l'être au milieu n'aura pas seulement pour effet de prolonger l'existence, elle permettra encore à l'individu de mettre en jeu toutes les ressources de sa nature.

Si tel est l'idéal d'une conduite individuelle, quel sera celui d'une conduite collective ? Quand pourra-t-on dire qu'une telle conduite atteint sa plus haute perfection ? Lorsqu'elle assurera avec une entière efficacité la conservation des existences individuelles, la propagation de l'espèce et le développement des facultés de chacun. Mais pour atteindre ce résultat, deux conditions seront requises : 1° Les individus ne pourront se contrarier les uns les autres, dans la poursuite de leurs fins respectives ; 2° ils devront se prêter une assistance mutuelle.

Ainsi l'idéal de la conduite collective implique la coopération des efforts individuels en vue du bien de tous. Il en résultera une conduite à la fois plus complexe et plus efficace. Et maintenant, s'il est vrai que la conduite en général, dont la conduite humaine représente actuellement la forme la plus élevée, obéit à une loi essentielle de progrès qui la rend de plus en plus efficace au point de vue de la conservation et du développement de l'espèce, on doit en conclure que l'humanité évolue spontanément vers un idéal de solidarité sociale. On le voit, par le fait de l'évolution adaptant de mieux en mieux l'être à son milieu et par conséquent l'homme à la société, l'altruisme se dégage insensiblement de l'égoïsme primitif.

IV.

FONDEMENT DE LA DISTINCTION ENTRE LE BIEN ET LE MAL OU CRITERIUM DE LA MORALITÉ.

La conduite en se développant devient donc de plus en plus complexe et efficace, elle aboutit à une augmentation de vie au profit d'un individu ou d'une classe. Telle est, on vient de le voir, la onclusion que Spencer dégage de l'hypothèse évolutionniste.

Il s'efforce ensuite de montrer que cette conclusion se trouve ratifiée par l'opinion commune du genre humain sur la valeur morale de nos actions. En d'autres termes, une conduite, développée ou parfaite selon la loi de l'évolution, est précisément celle que le langage usuel appelle *bonne*.

Pour le prouver, Spencer analyse les applications les plus fréquentes de l'idée de bonté. Les comparant entre elles, afin d'en dégager un élément commun, il arrive à cette conclusion qu'une chose est dite bonne lorsqu'elle répond à sa destination, lorsqu'elle se prête à l'usage qu'on en veut faire. Au contraire, on l'estimera mauvaise, si elle est mal adaptée à sa fin. Dans ce sens, on dira qu'un bon couteau est celui dont la lame est tranchante, un bon fusil celui qui porte loin et juste, une bonne maison celle qui abrite convenablement ses habitants, etc. En ces différents cas, nous apprécions les choses, selon qu'elles sont plus ou moins bien adaptées à leurs fins.

Or, notre point de vue reste toujours le même quand nous appliquons les idées de bien et de mal aux actions humaines. Ces actions, avons-nous dit, sont accomplies tantôt dans un but exclusivement individuel, c'est-à-dire au profit de l'agent lui-même, tantôt au profit de ses enfants, ou enfin au profit des autres hommes. Mais que l'on considère la conduite sous sa forme individuelle, familiale ou collective, on arrive toujours à cette conclusion, qu'elle est estimée bonne dans la mesure où elle favorise la conservation et le développement de la vie. Nous blâmerons celui qui compromet sa santé dans la débauche, ne prend aucune précaution contre les rigueurs du froid, se soumet à un régime nuisible d'alimentation. Au contraire, quelqu'un observe-t-il les règles de l'hygiène, cherche-t-il à développer ses facultés dans une juste mesure, il nous paraîtra agir raisonnablement, c'est-à-dire *bien*.

De même, on louera la conduite des parents qui s'attachent avec une sollicitude intelligente à conserver la santé de leurs enfants et à développer leurs aptitudes physiques et mentales; mais si un système d'éducation entrave ce développement et compromet la santé de l'enfant, il sera réputé mauvais. Enfin, celui dont la conduite est bienfaisante, non seulement pour lui-même ou pour ses enfants, mais encore pour les autres hommes, s'attire les louanges de tous.

Ainsi les règles qui permettent d'apprécier le degré de développement des divers genres de conduite, et se dégagent de l'hypothèse évolutionniste, sont implicitement reconnues par tous les hommes, comme le prouvent les applications les plus usuelles des idées de bien et de mal. Ces règles servent de base à nos jugements moraux.

Toutefois, elles n'en sont point le dernier fondement; elles impliquent elles-mêmes un postulat. Un moyen efficace n'est vraiment bon que si la fin en est bonne. Celui qui a réussi à se venger de son ennemi en lui enlevant la vie, a bien agi au point de vue du but qu'il poursuivait, en ce sens que les mesures qu'il a prises pour réaliser ses projets criminels ont été efficaces. Mais le but étant mauvais, on condamnera les actes qui y tendent. En proclamant une action bonne, on suppose bonne la fin poursuivie par l'agent. Conséquemment l'appréciation d'une conduite efficace dépendra du point de savoir si la vie est bonne en elle-même, c'est-à-dire si la vie vaut la peine de vivre. D'une part, le spectacle de l'évolution nous a fait voir une conduite de plus en plus efficace à mesure que nous nous sommes trouvés en présence d'organismes plus élevés ; d'autre part, les hommes ont coutume d'appeler bonne une conduite d'où résulte une certaine augmentation de vie. Or, il s'agit de justifier leur opinion. L'évolution est-elle un bien ou un mal ? La conservation et le développement de la vie sont-ils choses désirables en soi ? Oui, si la vie comporte finalement plus de joies que de peines ; non, dans l'hypothèse contraire. Selon donc que l'on sera optimiste ou pessimiste, on jugera bonne ou mauvaise une conduite efficace. Si la vie est plus féconde en misères qu'en jouissances, à quoi bon la prolonger ? Et comment louer une conduite qui, en nous conservant l'existence, nous ménage un surcroît de misères ?

Sur cette question fondamentale : « La vie vaut-elle la peine de vivre ? » les opinions se divisent. Toutefois, le pessimisme et l'optimisme s'inspirent d'une vérité commune : la conduite doit être estimée bonne, si la vie qu'elle entretient et développe au sein de l'humanité procure finalement à celle-ci plus de jouissances que de souffrances.

Pour tout le monde, le but suprême de l'existence est donc de jouir ; la distinction entre le bien et le mal repose sur la conformité ou l'opposition des actes à ce but.

V.

DIVERSES MANIÈRES DE JUGER LA CONDUITE.

La règle de la moralité des actions humaines définie, Spencer apprécie à sa lumière diverses manières de juger la conduite. Tous ceux qui ont eu recours à un criterium erroné pour distinguer le bien du mal, ont péché par le même défaut : l'ignorance de l'idée de cause.

Cette idée, nous dit Spencer, est une des plus complexes qui soient. L'homme n'y arrive que lentement. Pour en saisir tous les aspects, il faut un développement intellectuel avancé. L'idée de cause sainement entendue est exclusive, suivant le philosophe anglais, de toute notion de contingence. « Tout ce qui arrive est causé, et rien de ce qui arrive n'aurait pu ne pas arriver », tel est le principe qui doit nous guider en cette matière. Partant de cette idée que tous les événements s'enchaînent et se suivent dans un ordre nécessaire, nous dirons que nos actes sont bons ou mauvais par nature, à raison de leurs seules conséquences, et indépendamment de tout décret divin ou humain. La distinction entre le bien et le mal nous apparaîtra ainsi basée sur les rapports essentiels des choses. Au contraire, quiconque n'est point encore arrivé à cette compréhension parfaite de la causalité, pensera que la contingence se mêle à tous les événements. Dès lors, si le vice entraîne à sa suite certains maux, la vertu certains avantages, il croira découvrir dans ce fait l'intervention expresse d'une autorité divine ou humaine, sanctionnant ses prescriptions.

Tous ceux qui ont cherché le criterium de leurs appréciations morales ailleurs que dans la nature des choses, ont ignoré ou perdu de vue le principe de causation. Spencer répartit ces moralistes en quatre groupes : l'école théologique, l'école des légistes, celle des intuitionnistes et l'école utilitaire.

Selon l'école théologique, le fondement de la distinction entre le bien et le mal réside dans la volonté divine, manifestée par un enseignement révélé, ou par une inspiration secrète dont la conscience individuelle ne serait que l'écho. Spencer reconnaît en passant la haute antiquité de la morale religieuse et l'influence qu'elle exerce encore aujourd'hui sur un très grand nombre d'esprits.

Mais il lui reproche de ne point tenir compte du principe de causalité. Nos actes, dit-on, ne sont bons ou mauvais que parce que Dieu les prescrit ou les défend ; sans Dieu, il n'y a point de guide moral. Spencer oppose à ces affirmations le dilemme suivant : Ou bien certains actes sont naturellement bons, à raison de leurs conséquences, d'autres naturellement mauvais, et dans ce cas la distinction dont il s'agit peut nous être connue expérimentalement : pas n'est besoin d'interroger la divinité. Ou bien nos actes ne sont ni bons ni mauvais en soi, ils ne comportent par eux-mêmes ni avantages ni désavantages pour la société ; mais alors, loin d'être, comme on le soutient d'autre part, le fondement indispensable de l'ordre social, la loi divine devient tout arbitraire. En la supposant universellement violée, les affaires humaines n'en iraient pas plus mal. — On le verra plus loin, Spencer a fort mal compris les principes de la morale théologique.

L'école des légistes fonde la distinction entre le bien et le mal sur la loi civile : Un acte est bon ou mauvais, selon qu'il est permis ou défendu par l'autorité publique. Avant donc que fût instituée cette autorité, il n'y avait pas lieu de répartir les actes en bons et mauvais. Rien n'étant défendu, tout était licite.

Spencer excelle à signaler les inconséquences de cette doctrine, telle qu'on la trouve exposée chez Hobbes. Ce philosophe le reconnaît lui-même, l'existence de l'autorité publique se justifie par les nécessités de l'ordre social. Les hommes, en renonçant à l'état de nature, état d'anarchie et de malheur, ont investi l'autorité publique d'une mission : assurer la conservation et le développement de la société. En conséquence de cette mission, l'autorité doit donc arrêter les mesures prohibitives et prescriptives que réclame le bien général, elle doit défendre les actes qui mettent obstacle à ce bien et ordonner ceux qui y tendent. Qu'est-ce à dire, sinon que les décrets du législateur sont soumis à une règle supérieure, déterminée par le but même en vue duquel l'autorité a été instituée? Et dès lors, il n'est plus vrai que la loi civile fonde la distinction entre le bien et le mal : elle se borne à prescrire l'un et à défendre l'autre.

Le point de vue des intuitionnistes n'est pas essentiellement distinct de celui de l'école théologique. Ils enseignent aussi que la moralité nous vient directement de Dieu. Elle a été inculquée à l'homme dès l'origine, sous la forme de jugements et de sentiments instinctifs. Elle n'est point acquise, mais essentiellement innée. Lors donc que nous jugeons tel acte bon ou mauvais, ce n'est point parce que l'expérience nous a fait voir ses avantages ou ses inconvénients, mais en vertu d'un sens ou d'un instinct moral qui tient à notre constitution originelle. La vertu est aimable en soi, elle doit être pratiquée pour elle-même, abstraction faite de ses conséquences.

Spencer adresse à cette doctrine les mêmes reproches qu'à l'école théologique. Elle est antiscientifique, parce qu'elle perd de vue le principe de causation, qui seul peut fournir un fondement rationnel à la distinction entre le bien et le mal.

On sait, d'autre part, comment l'école naturaliste entreprend de faire la genèse des sentiments moraux et rend compte de leur apparente innéité. S'il faut en croire les évolutionnistes, la moralité a son origine dans l'instinct de la conservation, lequel n'existe pas moins chez l'animal que chez l'homme. Poussés par cet instinct, les individus, qui vivaient primitivement à l'état sauvage, se rapprochèrent les uns des autres, cherchant dans une assistance mutuelle le moyen de résister plus efficacement aux agents nuisibles du dehors, et de se procurer plus aisément les choses nécessaires à la vie. La société constituée, l'expérience fit voir peu à peu les avantages sociaux de la vertu et les conséquences funestes du vice. Instruite par ses leçons, l'autorité publique défendit les actes antisociaux et prescrivit ou encouragea les actes contraires. L'idée d'une distinction entre le bien et le mal, entre ce qui est permis et ce qui ne l'est pas, se fortifia ainsi de plus en plus dans les esprits par l'action combinée de l'expérience et de l'hérédité. A l'origine, l'homme évite de nuire au prochain afin de ne point encourir sa vengeance; il aide ses semblables pour obtenir à son tour certains services ; il n'est juste et vertueux que dans la mesure où son intérêt le lui conseille. Ainsi la vertu commence par être pratiquée pour les avantages qu'elle procure. La perspective de ces avantages éveille dans l'âme un sentiment agréable qui nous pousse à les rechercher. Puis, en vertu de la loi d'association qui préside au groupement des faits psychiques, le sentiment agréable qui s'attachait aux conséquences d'un acte, finit par s'associer à l'acte lui-même. Les actions vertueuses deviennent ainsi aimables par elles-mêmes. Toutefois à un observateur superficiel, qui se contente de considérer la conscience humaine dans son état présent, les jugements et les sentiments moraux peuvent paraître choses innées, tandis qu'ils sont en réalité le produit infiniment complexe des expériences accumulées au cours des siècles par les générations passées et de l'action persistante de l'hérédité [1]).

[1]) Cette théorie repose tout entière sur l'idée d'un état sauvage primitif, à peine distinct de l'animalité. On suppose que les premiers hommes ignoraient les lois les plus élémentaires de toute organisation sociale, aussi bien familiale que politique ; qu'ils étaient dépourvus de tout sens moral et religieux et vivaient à la manière des animaux, guidés par leurs seuls instincts. On suppose encore qu'il a fallu à l'humanité une expérience poursuivie durant de longs siècles pour se rendre compte de la valeur morale de ses actes et acquérir l'idée de justice. Or, ce sont là des suppositions gratuites. Envisagée au seul point de vue scientifique, la question de notre état originel reste tout entière ouverte. Elle n'a reçu aucune solution certaine. Toutefois, si l'on considère que l'idée d'une loi supérieure apparaît chez tous les peuples dès la plus haute antiquité, voire même chez les races les plus inférieures, on a de bons motifs de croire qu'elle ne faisait point défaut aux premiers hommes. Il est permis en outre de se demander si cette idée, loin d'être le produit de la vie sociale, n'a pas été plutôt la condition même de son développement. Pour sortir spontanément de leur état d'individualisme, pour instituer une autorité sociale et s'y soumettre, il eût fallu à nos

Abordant ensuite l'examen de l'utilitarisme, Spencer lui reproche de n'être point encore entré dans une phase vraiment scientifique. Les utilitaristes nous apprennent sans doute à apprécier nos actes d'après leurs conséquences, ils constatent certaines relations causales, mais négligent de les ériger en règles universelles et nécessaires, qui

ancêtres, prétendument sauvages, une intelligence parfaite du bien commun et de l'harmonie foncière des intérêts individuels, intelligence qui, au sein même de nos sociétés civilisées, fait défaut au plus grand nombre. Quoi qu'il en soit, l'école évolutionniste entreprend assurément une tâche impossible, en voulant découvrir dans les seuls instincts de la vie animale le germe de la moralité. C'est assez d'un moment de réflexion pour s'en convaincre. La moralité, telle que nous la trouvons au dedans de nous-mêmes et comme on l'entend communément, implique la croyance au devoir, c'est-à-dire à une loi absolue et universelle qui nous ordonne de faire le bien et d'éviter le mal ; elle implique encore le sentiment de la liberté et de la responsabilité. L'agent moral se reconnaît soumis au devoir, il se proclame en même temps capable de mériter et de démériter, c'est-à-dire libre et responsable. De plus, la loi morale lui apparaît naturellement comme l'acte d'une autorité transcendante qui l'impose et la sanctionne et vis-à-vis de laquelle existe la responsabilité. Parvenu à la véritable perfection morale, il obéira à cette loi non par crainte ou par intérêt, mais parce qu'il y verra l'expression d'une volonté souveraine, infiniment respectable en elle-même, et jugera de sa dignité d'être raisonnable de conformer sa conduite aux prescriptions de la raison absolue.

puissent s'appliquer à l'avenir comme au passé, et servir de base à des appréciations morales ultérieures. Cette généralisation des données de l'expérience est le propre de la méthode scientifique. A ce point de vue, l'utilitarisme est resté tout empirique. Ce n'est pas assez de juger que tel acte est bon ou mauvais pour avoir produit tels effets, il faut encore affirmer qu'il n'en eût pu produire et n'en produira jamais d'autres, parce que la relation de l'antécédent au conséquent n'est pas chose contingente ou de hasard, mais se rat-

Or, on chercherait vainement les éléments de la moralité, ainsi entendue, dans les purs instincts de l'animal. L'instinct est une force aveugle, une impulsion innée à laquelle on obéit machinalement et d'une manière toute nécessaire ; l'agent moral, au contraire, poursuit librement la réalisation d'un idéal absolu que sa raison lui propose. L'animal agit sous l'empire d'impulsions irrésistibles, il obéit aux sollicitations de biens sensibles et particuliers ; l'homme agit d'après les lumières de la raison, et c'est l'amour du bien universel et absolu qui inspire sa conduite. Il existe donc une différence essentielle entre eux. En vain fait-on intervenir ici les influences héréditaires. On oublie que l'hérédité ne crée rien, qu'elle ne peut que développer ce qui préexiste à l'état de germe. Elle ne fera donc jamais sortir la moralité d'un être amoral. On exagère aussi son rôle, en lui attribuant le pouvoir de transmettre les idées morales d'une génération à l'autre. C'est par l'enseignement et non par voie d'hérédité que se transmettent les idées morales.

tâche à l'ordre universel et nécessaire d'après lequel se déroule la trame des événements.

En terminant la critique de l'utilitarisme et par manière de conclusion, Spencer nous apprend ce que doit être la morale pour mériter le titre de science et quel rôle y doit jouer l'idée de cause.

On vient de le voir, l'application du principe de causalité aux phénomènes moraux démontre l'existence de relations nécessaires entre ces phénomènes et leurs conséquents. Comme les fonctions physiologiques, les faits moraux, c'est-à-dire les actes qui composent la conduite, sont en connexion intime avec l'entretien et le développement des forces vitales. Pour établir cette connexion, pas n'est besoin de faire intervenir une autorité théologique ou politique quelconque. Ce n'est pas en vertu d'un décret divin ou humain qu'un trouble physiologique, affectant une partie de l'organisme, se répercute sur les autres ; de même l'action des phénomènes moraux sur la vie individuelle et sociale résulte de la nature même des choses, elle en est l'inévitable conséquence. Un exemple mettra cette vérité dans toute sa lumière.

Tout moraliste condamnera au nom de la justice la conduite du patron qui impose à l'ouvrier une tâche au-dessus de ses forces ou lui refuse un salaire rémunérateur. Or précisément, des faits de cette nature auront pour conséquence nécessaire d'affaiblir le tempérament de l'ouvrier, de le rendre inapte au travail, de lui soustraire en tout ou en partie ses moyens de subsistance, de le mettre dans l'impossibilité de réparer ses forces dépensées. L'ouvrier est-il père de famille, le régime auquel il est astreint influera sur la constitution de ses enfants. Si les abus industriels se généralisent, si le travail est partout mal rémunéré et soumis à des conditions insalubres, la classe ouvrière tout entière en pâtira et, par contre-coup, la vie sociale elle-même.

Il y a donc une relation très intime entre le respect des règles de justice et d'équité dans le contrat de travail, et l'entretien et le développement des forces individuelles et sociales. Encore une fois, cette relation est basée sur la nature, elle n'est qu'une relation de cause à effet, et selon que l'effet est avantageux ou nuisible à la vie, les actes dont il procède méritent l'éloge ou le blâme. C'est à raison des inconvénients qui viennent d'être signalés, que le moraliste condamne la conduite du patron qui paie à l'ouvrier un salaire insuffisant et lui impose une tâche trop lourde. Ainsi en est-il de tous les actes que comporte la conduite humaine. Ils tendent par *leur nature même* à favoriser ou à entraver l'essor des fonctions vitales.

Or, le moraliste qui veut faire œuvre de science devra envisager ce point de vue. Partant de cette idée qu'il existe des rapports nécessaires entre la conduite d'une part, la conservation et le développement de la vie d'autre part, il interrogera l'expérience pour découvrir ces rapports et les formulera en lois. Selon que les actes seront utiles ou nuisibles à la vie, il les classera en bons ou mauvais, dégageant ainsi du principe de causation les règles de notre conduite.

Mais là ne s'arrêteront pas les développements de la science morale. Non seulement elle nous apprendra à considérer certains faits comme les conséquents inévitables de nos actes, mais encore elle nous montrera dans ces derniers les conséquents non moins inévitables d'autres antécédents, lesquels seront d'ordre physique, biologique et physiologique. A mesure que progresseront les sciences, les affinités entre ces divers ordres de phénomènes, les relations causales qui les enchaînent les uns aux autres deviendront plus manifestes. L'esprit humain apprendra chaque jour davantage à voir dans ces divers phénomènes comme autant d'aspects ou de manifestations d'un principe unique : la force ; à réduire toutes les lois à une loi unique : celle de l'évolution. Les phénomènes moraux n'échapperont pas à cette synthèse, ils prendront place dans le système général de l'univers. La loi qui les régit ne sera plus qu'une forme spéciale de la loi d'évolution, et la morale, après avoir revêtu un caractère métaphysique et théologique d'abord, exclusivement empirique ensuite, s'établira enfin sur une base rigoureusement scientifique.

C'est à ce résultat que doivent tendre tous les efforts du moraliste.

En conséquence, Spencer entreprend dans les chapitres suivants d'étudier la conduite au point de vue physique, biologique, psychique et sociologique. Son but est de nous montrer qu'envisagée sous chacun de ces aspects, la conduite apparaît soumise à la loi d'évolution qui a été définie plus haut.

VI.

LA CONDUITE AU POINT DE VUE PHYSIQUE.

Considérée au point de vue physique, la conduite apparaît comme un ensemble de mouvements extérieurs adaptés à des fins. Bien qu'ils soient en connexion intime avec des états psychiques (sensations, volitions, pensées, etc.) et des fonctions biologiques, ces mouvements peuvent cependant être envisagés à part et distingués des autres phénomènes auxquels ils sont liés dans la réalité. Or, si l'on étudie la conduite sous cet aspect, on y découvre aussitôt la loi de l'évolution impliquant le passage du simple au complexe, de l'incohérent au cohérent, ainsi qu'une adaptation de mieux en mieux définie d'actes à leurs fins. La comparaison des divers genres de conduite, correspondant aux divers degrés du règne animal, nous fait voir des mouvements de plus en plus cohérents, de plus en plus hétérogènes, de mieux en mieux définis quant à leur but, à mesure que se développent l'organisation et la vie. Spencer revient ici à une idée déjà exposée plus haut. Fidèle à sa méthode expérimentale, il accumule les faits à l'appui de sa thèse. Passant en revue les divers degrés de la vie animale, il nous en décrit les manifestations extérieures, depuis les mouvements, incohérents, mal définis, uniformes des êtres inférieurs, jusqu'à ces mouvements variés, associés les uns aux autres, adaptés à un but nettement défini, qui font de la conduite humaine la dernière phase de l'évolution morale.

Et tout d'abord, les mouvements de l'être inférieur sont *incohérents*, c'est-à-dire qu'ils constituent comme autant de faits distincts, séparés les uns des autres, sans relations mutuelles. Ils ne forment pas un enchaînement d'actes subordonnés à une fin commune : tels les mouvements exécutés comme au hasard par un animalcule. Ces mouvements sont en outre *homogènes*, ne présentant aucune variété, s'accomplissant toujours selon certains modes simples et uniformes. Enfin, on peut difficilement leur assigner un but précis : ils sont *mal définis*.

L'association des mouvements ou leur cohérence va croissant en même temps que la complexité de l'organisme. Chez l'animal supérieur se voient des mouvements multiples, coordonnés en vue d'une même fin, et qui présentent ainsi l'aspect d'un ensemble cohérent. Qu'on se rappelle les mouvements successifs d'un chat guettant sa proie. C'est une même trame d'actions dont les unes préparent l'accomplissement des autres. Ces actions sont en outre nettement définies, se subordonnant toutes à un but bien déterminé. Enfin, elles présentent déjà une grande variété, selon que l'animal met en jeu tel organe ou tel autre, s'avance en se dissimulant ou se découvre tout à coup et bondit.

Mais ces caractères se retrouvent encore accentués dans la conduite humaine. Ici les mouvements actuels se rattachent à des mouvements passés depuis longtemps, et à leur tour en préparent d'autres d'un avenir encore lointain. De plus, par leur variété ils manifestent des facultés multiples et leur but est nettement défini.

En résumé, l'évolution de la conduite, au point de vue physique, suppose des mouvements de plus en plus hétérogènes ou variés, de plus en plus associés ou cohérents, de mieux en mieux adaptés à leurs fins.

Que résultera-t-il de cette évolution ? Une

adaptation toujours plus parfaite de l'être à sno milieu, et, par le fait même, une augmentation de vie. On sait ce qu'il faut entendre par cette adaptation : elle doit permettre à l'animal de lutter efficacement contre les agents nuisibles du dehors et de s'approprier les éléments dont il a besoin pour vivre, se développer et agir.

VII.

LE POINT DE VUE BIOLOGIQUE.

Les actions extérieures et purement physiques, dont se compose la conduite, sont déterminées par des opérations internes ou physiologiques, et influent à leur tour sur des opérations de cette nature. Celles-ci se passent dans l'intimité de l'organisme. Spencer leur donne le nom de *fonctions,* comme il a été dit plus haut. Il les distingue ainsi des mouvements physiques, par lesquels nous entrons directement en rapport avec le monde extérieur et qui reçoivent la dénomination générale de *conduite.* Reprenons l'exemple cité tantôt : vous étendez le bras pour saisir un objet ; c'est là un mouvement physique, extérieur, adapté à une fin. Il appartient par conséquent au groupe des actions qui forment la conduite. Mais ce mouvement est en relation intime avec des faits d'ordre physiologique antérieurs ou conséquents. Pour mouvoir le bras, il a fallu que vos muscles entrassent en exercice, et ceci a exigé une excitation des nerfs moteurs ; ces nerfs, à leur tour, n'ont été mis en branle que sous l'action du cerveau. Ainsi le fait d'étendre le bras est la résultante d'un ensemble d'opérations physiologiques. En outre, un certain dégagement de chaleur, une circulation plus active du sang, une accélération des mouvements du cœur ont accompagné l'effort que vous avez déployé pour atteindre l'objet de vos convoitises. Supposez que, pressé par la faim, vous vous soyez emparé d'un aliment pour le porter aussitôt à la bouche ; voici encore tout un ensemble de fonctions physiologiques mises en jeu.

On peut donc considérer les actions visibles d'un animal dans leurs rapports avec des opérations physiologiques ou fonctions, et tel est précisément le point de vue biologique de la conduite.

Envisagée sous cet aspect, la conduite en se développant doit assurer de mieux en mieux l'équilibre des fonctions et créer des corrélations de plus en plus constantes entre les fonctions et certains états psychiques.

Telle est, selon Spencer, la loi de l'évolution biologique de la conduite. Expliquons-nous.

1° *L'évolution de la conduite au point de vue biologique, doit assurer de mieux en mieux l'équilibre des fonctions.*

De même qu'il existe des rapports entre la conduite et les fonctions, ainsi les diverses fonctions de l'organisme dépendent les unes des autres. La vie se perfectionnant, la division du travail physiologique s'accentue et l'on voit se constituer plusieurs systèmes d'organes. Or il importe que tous ces organes combinent leur action en vue d'une fin commune : la conservation et le développement de l'ensemble.

L'exercice anormal d'une fonction nuit à l'exercice des fonctions voisines et jette une perturbation plus ou moins grave dans l'organisme tout entier. La vie apparaît ainsi comme la résultante d'une sorte d'équilibre entre diverses fonctions, et plus cet équilibre est stable, mieux aussi la vie se trouve à l'abri des influences morbides. L'évolution de la conduite, au point de vue biologique, tendra donc à faciliter l'exercice des fonctions et à les maintenir dans un parfait équilibre. C'est là en effet, nous venons de le voir, la condition essentielle de la vie, que la conduite a pour but de conserver et de développer.

La Morale nous commande donc de faire tout ce qu'exige le fonctionnement régulier des organes, et d'éviter des excès capables de troubler l'économie de notre être. « Observe les règles de l'hygiène », tel paraît être le premier précepte de la morale évolutionniste.

Mais, si la conduite en se développant doit réaliser de mieux en mieux l'équilibre des fonctions, celles-ci devenant de plus en plus nombreuses et variées, à mesure que l'organisme atteint une structure plus complexe, on verra aussi les actes, dont se compose la conduite, se multiplier et se diversifier pour faire face à des besoins physiologiques plus nombreux. Ainsi l'étude de la conduite au point de vue biologique vient confirmer la loi générale formulée plus haut : l'évolution s'opère dans le sens d'une complexité et d'une efficacité croissantes des actions.

2° Cette évolution établira des corrélations de plus en plus constantes entre les fonctions et certains états psychiques.

Spencer ne pénètre pas encore ici dans le domaine de la psychologie proprement dit. Son point de vue reste biologique. L'étude psychologique de la conduite, nous dit-il, a seulement pour objet de rechercher comment nos états de conscience nous déterminent à agir sur le monde extérieur, et quelles influences ambiantes les font naître en nous.

Si je cherche par exemple, dans une disposition spéciale de mon âme, l'explication d'un bienfait dont j'ai gratifié le prochain ou d'un dommage que je lui ai causé, je me place à un point de vue psychologique. De même, lorsque j'analyse les circonstances extérieures qui m'ont suggéré tel sentiment ou telle idée. Au contraire, on ne sort pas, selon Spencer, du domaine de la biologie, aussi longtemps qu'on se borne à examiner l'effet des états de conscience sur le système nerveux ou sur les autres fonctions physiologiques. C'est pourquoi l'auteur se demande ici quels sont les rapports des fonctions avec les phénomènes psychiques, et dans quel sens se modifient ces rapports au cours de l'évolution.

Les faits psychiques (pensées, sensations, émotions, volitions, etc.) agissent de deux manières sur les fonctions de l'organisme : comme guides et comme stimulants. A ce double titre, ils prennent place parmi les facteurs biologiques.

a) Ils contribuent à réaliser les conditions essentielles de la vie, par la direction qu'ils impriment à la conduite.

Ce qui nous cause du plaisir, fait observer Spencer, est aussi le plus souvent ce qui favorise le fonctionnement régulier des organes. Or cette association entre l'utile et l'agréable, doit devenir chose de plus en plus fréquente par l'effet de l'évolution. En conséquence, la conduite la mieux adaptée aux besoins physiologiques de l'être sera en même temps la plus agréable ; si bien, qu'en travaillant à assurer le fonctionnement régulier de nos organes, nous nous ménageons par le fait même, une plus grande somme de jouissances dans l'avenir.

Pour démontrer sa thèse, Spencer procède d'abord par voie de déduction. La doctrine de l'évolution une fois reconnue, il faut admettre *a priori* que les choses agréables seront le plus souvent utiles à l'organisme, les choses désagréables, nuisibles.

L'évolution, nous l'avons vu, réalise de mieux en mieux les conditions de la vie ; elle prolonge sa durée et multiplie ses manifestations. Or, on s'en souvient, la condition essentielle de toute vie est l'adaptation de l'organisme à son milieu. L'évolution favorisera donc cette adaptation ; elle la rendra d'autant plus parfaite que la vie atteindra une forme plus élevée. En vertu de cette loi, le milieu, agissant sur l'organisme, développera en lui des penchants de plus en plus favorables à la conservation de la vie ; il le déterminera toujours davantage à rechercher ce qui est utile, à éviter ce qui est nuisible. L'action du milieu se traduisant chez l'être conscient par des états psychiques, impressions agréables ou désagréables, l'évolution de la conduite ne manquera pas de créer des corrélations de plus en plus constantes entre le plaisir et l'utile d'une part, le nuisible et la souffrance d'autre part. C'est-à-dire que les impressions agréables correspondront de mieux en mieux aux choses utiles, les impressions désagréables aux choses nuisibles. Sans cela, l'évolution de la vie déterminant l'apparition des états psychiques, loin de produire une adaptation toujours plus parfaite de la conduite à sa fin, amènerait à brève échéance la destruction de l'organisme et l'anéantissement des espèces animales. Trompé par ses sensations, l'animal ferait généralement le contraire de ce qu'il faut pour vivre ; on le verrait rechercher les choses nuisibles, tandis qu'il éviterait les choses utiles.

L'hypothèse de l'évolution nous conduit donc à reconnaître *a priori* que l'agréable et l'utile doivent de plus en plus tendre à s'identifier.

Les faits viennent à l'appui de cette déduction. Comme la plante cherche naturellement la lumière dont elle a besoin, et pousse ses racines dans la direction des substances nutritives, ainsi l'être conscient apparaît dirigé dans tous ses actes par des sensations. La vue d'un ennemi le fait fuir, celle d'un aliment éveille ses convoitises. L'expérience le prouve donc, la recherche du plaisir est généralement favorable à la vie et, par conséquent, à l'exercice et à l'équilibre des fonctions.

Sans doute, il est des exceptions à cette loi : telle jouissance nous est nuisible, telle souffrance nous est avantageuse. Mais ces exceptions confirment la règle ; elles prouvent seulement que l'évolution n'a point encore achevé son œuvre. Peu à peu disparaîtront les anomalies. Ceci n'est point douteux pour quiconque admet l'hypothèse évolutionniste et conséquemment l'adaptation de plus en plus parfaite de l'être au milieu.

b) Les états psychiques agissent encore d'une autre manière sur les fonctions. Non seulement l'animal est guidé par ses sensations vers les choses nécessaires ou utiles à sa subsistance, mais encore les impressions qu'il subit exercent par elles-mêmes une influence immédiate sur le jeu des organes. C'est ainsi que la tristesse déprime, tandis que le bonheur et le plaisir stimulent plutôt l'activité physiologique de l'être.

VIII.

LE POINT DE VUE PSYCHOLOGIQUE.

On vient de voir le rôle biologique des états de conscience. Par la direction qu'ils impriment à la conduite, ils favorisent l'exercice et l'équilibre des fonctions.

En outre, ils constituent par eux-mêmes des stimulants ou des obstacles à l'activité physiologique de l'animal, selon qu'ils sont une source de plaisirs ou de souffrances.

Considérons maintenant ces mêmes états en tant que mobiles conscients qui nous font agir sur le monde extérieur. Voyons comment nos impressions, produites par les agents du dehors, influent à leur tour sur nos mouvements physiques et les adaptent à leur fin. Ce point de vue est essentiellement psychologique.

1° Quels sont les éléments ou les facteurs que suppose l'adaptation d'une conduite à sa fin chez un être conscient ?

2° Quels caractères présente l'évolution de la conduite envisagée au point de vue psychologique ?

Spencer examine tour à tour ces deux questions.

1) *Éléments que suppose l'adaptation de la conduite à sa fin chez l'être conscient.*

Nous l'avons dit tantôt, l'animal dont les actes sont bien ordonnés recherchera les choses utiles et évitera les choses nuisibles. En cela, il sera guidé par ses impressions, c'est-à-dire par l'action qu'exerceront sur lui les objets extérieurs sous forme d'attractions ou de répulsions. Pour que se réalise l'adaptation d'une conduite à sa fin chez un être conscient, il faut donc :

1° Un objet capable d'affecter l'organisme.

2° Que cet objet possède certaines propriétés qui le rendent avantageux ou nuisible à l'animal.

3° Que celui-ci éprouve sous l'action de l'objet une impression désagréable ou agréable.

4° Que, réagissant à la suite de cette impression, il exécute certains mouvements qui lui permettent de s'approprier les choses utiles et d'éviter les choses nuisibles.

2) *Caractères psychologiques de l'évolution morale.*

On peut les énumérer comme suit :

1° Complexité croissante des mobiles et prépondérance de plus en plus accusée des mobiles idéaux sur les mobiles sensibles.

2° Tendance des mobiles idéaux à s'ériger en lois.

3° Transformation des mobiles idéaux tour à tour politiques, religieux et sociaux.

4° Affaiblissement graduel du sentiment du devoir.

Mais avant d'entreprendre l'analyse détaillée de ces caractères, il nous faut éclaircir certaines notions préliminaires que l'auteur explique longuement dans sa Psychologie.

Nous avons dit que Spencer s'occupait spécialement ici des rapports de la conduite avec nos états psychiques. Voyons donc tout d'abord ce que l'auteur entend par ces états : il distingue entre les sensations présentatives, représentatives et rereprésentatives.

Une sensation *présentative* est une impression ou un état de conscience que nous rapportons à un objet présent, agissant actuellement sur nos organes.

Une sensation *représentative*, appelée aussi *idéale*, est la reproduction d'une sensation présentative. C'est une image rappelant un objet disparu. La sensation représentative n'est donc qu'un phénomène de mémoire.

Une sensation *rereprésentative* est l'image d'une image; c'est la reproduction d'une impression que l'imagination a déjà reproduite une première fois. Ayant fixé dans ma conscience l'image d'un objet, je me représente à nouveau cette image : c'est là une rereprésentation.

Les sensations présentatives sont les sensations proprement dites ; celles qui appartiennent au second et au troisième groupe sont des représentations d'ordre idéal (images, idées). Une émotion est un ensemble de sensations idéales associées. Une émotion naissante est un ensemble de sensations idéales associées à des sensations présentatives.

Considérés au point de vue de l'influence qu'ils exercent sur la conduite de l'être conscient, les états psychiques constituent des mobiles sensibles ou des mobiles idéaux, selon que l'animal se laisse guider par des sensations proprement dites, c'est-à-dire présentatives, ou par des sensations idéales, c'est-à-dire représentatives ou rereprésentatives (images, idées).

Cette terminologie définie, examinons de plus près les différents caractères psychologiques de l'évolution morale.

1er CARACTÈRE : *Complexité croissante des mobiles et prépondérance de plus en plus accusée des mobiles idéaux sur les mobiles sensibles.*

Les états de conscience ou psychiques peuvent être envisagés sous deux aspects :

a) En tant qu'ils sont produits en nous par des causes extérieures et s'associent entre eux.

b) En tant qu'ils provoquent de notre part une certaine réaction et nous déterminent à agir à notre tour sur le monde extérieur.

Le second point de vue sera surtout celui du moraliste. Toutefois, il est en connexion intime avec le premier. C'est pourquoi Spencer commencera par nous faire connaître l'évolution des états psychiques, abstraction faite de leurs rapports avec la conduite.

On peut énumérer comme suit les diverses phases de cette évolution :

1° Sensations isolées ou simples se rapportant à un aspect unique d'un objet présent.

2° Sensations associées se rapportant à divers aspects d'un ou de plusieurs objets présents.

3° Émotions naissantes ou combinaisons de sensations présentatives avec des sensations représentatives. L'animal associe les impressions que lui procure la présence actuelle d'un objet, avec le souvenir d'impressions passées. Exemple : un chien désobéissant, voyant son maître brandir un bâton, associe à la vue de ce geste le souvenir d'une douleur ressentie autrefois dans des circonstances analogues.

4° Émotions ou groupes de sensations exclusivement idéales ou représentatives.

5° Émotions complexes ou associations de divers groupes de sensations représentatives.

6° Sensations rereprésentatives, reproduisant des sensations représentatives.

Tâchons de découvrir les principales étapes de ce processus dans le développement de l'enfant. L'enfant n'aperçoit tout d'abord que des phénomènes isolés. Il perçoit successivement un son, une couleur, une forme, une odeur, mais sans établir de liaison entre ces diverses sensations. Si vous lui prenez la main, l'idée ne lui viendra point de tourner la tête de votre côté. C'est la première phase du processus intellectuel.

Au second stade, les sensations deviennent complexes ; elles se présentent par groupes, d'après certaines lois d'association.

Au troisième, la mémoire s'éveille, mêlant aux impressions actuelles la représentation d'impressions antérieurement subies, rattachant le présent au passé. L'enfant se souvient : la vue d'un aliment excite sa convoitise, elle lui rappelle une impression gustative éprouvée dans des circonstances analogues. Les sensations présentatives se combinant avec des sensations représentatives ou d'ordre idéal, forment ce que Spencer appelle des émotions naissantes. Puis, à un stade plus avancé encore, l'enfant n'a plus besoin de sensations actuelles pour faire revivre en lui les sensations passées ; sa mémoire, son imagination travaillent spontanément sur les données fournies par des expériences accumulées.

Dès ce moment, se forment des groupements de plus en plus complexes de sensations représentatives ou rereprésentatives, constituant des émotions proprement dites. Tels paraissent être le développement des états de conscience, et la loi de leur association. A mesure que ces états se différencient de la simple impression sensible, point de départ de l'évolution psychique, pour devenir idéaux ou émotionnels, la vie intellectuelle se perfectionne. La conscience développée se caractérise par des associations plus complexes de sensations idéales.

Si nous envisageons maintenant l'évolution psychique au point de vue moral, c'est-à-dire en considérant les états de conscience dans leurs rapports avec la conduite, nous voyons se réaliser la même loi : à savoir que la complexité des états de conscience et la prépondérance des sensations idéales sont en raison directe du développement de la conduite.

Au point de départ de l'évolution, une impression simple, se rapportant à un objet présent et n'en révélant qu'un seul aspect, détermine un mouvement simple adapté à un but immédiat. Tel est le mouvement d'un polype étreignant de ses tentacules une substance animale.

Puis, des *stimulus* associés provoquent des mouvements associés. L'objet se montre alors sous divers aspects, produit sur l'organisme diverses impressions. Ces impressions s'associent et font naître des mouvements complexes qui s'enchaînent entre eux et se subordonnent finalement à un même but : tels, les mouvements d'un chat guettant sa proie. Cette fois les *stimulus* d'action sont déjà nombreux et la conduite compliquée. L'animal est guidé par des impressions diverses affectant la vue, l'odorat, l'ouïe. Il exécute une série de mouvements, dont les derniers seuls seront immédiatement adaptés au but poursuivi, tandis que les autres ne s'y rapporteront que d'une manière plus ou moins directe.

Souvent, grâce à la diversité des mobiles qui entrent en jeu, se manifeste chez l'animal une certaine hésitation, dans laquelle Spencer croit découvrir un commencement de délibération. Un temps plus ou moins long s'écoule avant que l'impression reçue réagisse sur les nerfs moteurs et se traduise en acte. Ce phénomène résulte d'un conflit entre différents mobiles. L'animal, voyant les choses sous plusieurs aspects, ne découvre pas seulement les avantages de ses actes, mais encore leurs inconvénients. Il est alors l'objet de sollicitations opposées. Pendant que le chat s'approche en rampant de sa proie, son regard découvre tout à coup un ennemi à l'horizon. Une impression nouvelle s'empare de lui; elle le pousse à fuir; mais l'appât du butin le retient. Les deux impressions se combattent, et, tandis que le conflit persiste, l'action demeure en suspens.

Un conflit de ce genre ne surgit pas toujours, comme dans l'exemple cité, entre des sensations proprement dites. Il peut se faire aussi que l'influence des mobiles sensibles soit combattue par celle des mobiles idéaux, ou encore, qu'une idée entre en lutte avec une autre idée. La présence de tel objet éveille dans la conscience de l'agent l'image d'un objet analogue dont l'expérience lui a montré les avantages ou les inconvénients. Il se souvient des maux que tel plaisir a entraînés jadis à sa suite. Concluant, par une induction spontanée, du passé à l'avenir, il renonce à se procurer un plaisir du même genre et s'efforce de refréner ses penchants. Sollicité, d'une part, par une sensation présentative ayant pour objet un bien actuel ; d'autre part, par une sensation idéale ou représentative, qui se rapporte à quelqu'événement éloigné, il se décide à sacrifier le présent à l'avenir et prend pour règle ou mobile de sa conduite la sensation idéale.

A un stade encore plus élevé de l'évolution, lorsque se forment des associations très complexes d'idées et de sensations, les conflits de tendances deviennent d'autant plus fréquents, que des mobiles plus nombreux et plus variés entrent en jeu. Alors apparaissent ces délibérations prolongées qui caractérisent la conduite de l'homme réfléchi.

Par cela même que les actions d'un agent se subordonnent à des fins plus éloignées, elles forment des enchaînements de phénomènes ou des agrégats plus complexes, et les mobiles qui les déterminent se différencient plus nettement de la simple sensation. A l'évolution des états psychiques correspond donc une évolution analogue de la conduite.

Veut-on traduire la pensée de Spencer en un

langage plus simple, on dira que l'agent moral est d'autant plus parfait que sa conduite est plus éclairée et plus réfléchie; conséquemment, qu'il cède moins aux premières impressions, et se laisse guider davantage par la prévision des événements éloignés. Or, voyant les choses sous des aspects plus nombreux, il disposera pour agir de mobiles plus variés, et sa conduite en deviendra plus complexe et moins uniforme. D'autre part, comme il s'appuiera sur ses expériences passées pour prévoir l'avenir, ses mobiles seront aussi plus souvent de l'ordre idéal que de l'ordre sensible.

Il importe toutefois de ne pas exagérer ici la pensée de l'auteur. Si la prépondérance des mobiles idéaux est à ses yeux un signe de progrès moral, il ne méconnaît pas cependant le rôle des sensations. C'est ainsi qu'il s'attache longuement à réfuter certains préjugés, provenant d'une interprétation trop absolue de ce principe, que la conduite doit se régler plutôt d'après des mobiles éloignés que d'après des impressions premières. Le présent a de justes exigences dont il faut tenir compte. Ce serait une erreur de croire que l'homme qui s'abandonne aux premiers mouvements de la nature, obéissant aux suggestions spontanées des sens, suive nécessairement et toujours une voie funeste. La conservation de la vie dépendra parfois d'une décision subite, d'une action instinctive déterminée par des sensations.

Tel résultat immédiat peut nous importer davantage qu'une fin plus éloignée. Bien sot serait celui qui se priverait du nécessaire, s'exposant à la maladie et à la mort, afin de réaliser quelqu'épargne en prévision des éventualités de l'avenir.

C'est un préjugé communément répandu qu'il est permis de ne point tenir compte des impulsions des sens, lors même qu'elles n'entrent pas en conflit avec des mobiles idéaux. Rien de plus irrationnel. Spencer nous a dit plus haut le rôle des sensations dans la conduite. Elles dirigent généralement l'animal vers les choses utiles et le détournent des choses nuisibles. Le plaisir sera donc plus souvent favorable que nuisible à la vie de l'organisme. Or, ceci n'est pas moins vrai des plaisirs immédiats, vers lesquels nous poussent nos impressions premières, que des plaisirs éloignés qui ne nous apparaissent qu'à la lumière des jugements idéaux.

Certes, il y a lieu de soumettre au contrôle de

la réflexion les impulsions des sens. Mais il ne s'ensuit pas que jamais il ne faille les suivre et que l'on doive dans tous les cas sacrifier les plaisirs du présent à ceux de l'avenir.

Néanmoins, ajoute Spencer, si l'on tient compte de ce correctif, il reste vrai de dire que la moralité réside généralement dans le triomphe des idées sur les sensations proprement dites. Elle consiste dans le renoncement à un bien présent en vue de quelque bien futur à acquérir ou de quelque mal à éviter. S'il faut en croire les évolutionnistes, on en trouverait déjà les premiers rudiments chez le chien qui renonce à dérober un mets à la table de son maître, par crainte d'un châtiment. Ici la considération de l'avenir l'emporte sur les impressions du moment. L'animal sait par expérience que son larcin ne manquera pas de lui attirer la colère du maître. La sensation qu'il éprouve, en flairant l'objet de ses convoitises, s'associe à une sensation idéale, lui rappelant les coups que lui ont valus ses méfaits passés. Tandis que la sensation présentative le pousse à agir, la sensation représentative le retient. Obéissant à la seconde, il nous donnerait déjà l'exemple d'une conduite morale. Il en serait de même du sauvage qui s'abstient de prendre le bien d'autrui pour éviter des représailles.

2ᵉ Caractère : *Généralisation des mobiles idéaux.*

Toutefois, aussi longtemps que les mobiles idéaux présentent un caractère exclusivement empirique, la conscience morale n'existe encore qu'à l'état rudimentaire. Le chien, dont il a été question tantôt, s'est souvenu de quelques cas particuliers dans lesquels un châtiment lui a été infligé. Mais il ne s'élève pas à la conception d'une loi qui lui interdit d'une manière générale telle ou telle catégorie d'actes. L'induction qu'il opère repose sur des faits isolés, ses conclusions n'ont qu'une portée limitée, elles visent seulement les circonstances présentes. Au contraire, la conscience morale apparaît sous une forme plus parfaite, lorsque l'agent s'inspire de règles universelles basées sur un grand nombre d'observations [1]). Pour cela, il faut supposer un état social

---

[1]) L'auteur reconnaît donc que le chien ne s'élève pas à la conception d'une loi générale et absolue. Il dit encore que l'être vraiment moral n'agit point par crainte ou par intérêt. Mais alors, comment peut-il trouver le germe de la moralité dans la conduite du chien, qui se borne à associer des impressions sensibles et ne cède qu'à la crainte d'un châ-

déjà développé, dans lequel les individus, s'appuyant à la fois sur leur expérience personnelle et sur celle de leurs contemporains, et mettant à profit les expériences accumulées des générations passées, formulent en lois absolues les conclusions pratiques qui se dégagent de ces inductions multiples, et obéissent à certains modes d'agir traditionnels.

3ᵉ Caractère : *Transformation des mobiles idéaux, devenant moraux après avoir été sociaux, politiques et religieux.*

Le propre des mobiles idéaux, nous venons de le voir, est de subordonner la conduite à des fins plus éloignées, et de déterminer l'individu à renoncer aux plaisirs présents. L'esprit de renoncement résulte de l'influence persistante de ces mobiles. Or, ils varient au cours de l'évolution. Simplement sociaux à l'origine, ils deviennent ensuite politiques, religieux, et enfin moraux.

Chez les tribus sauvages primitives, dénuées

---

timent? La doctrine évolutionniste se heurte toujours à la même difficulté : expliquer comment la connaissance sensible et concrète de l'animal devient la connaissance abstraite et universelle de l'homme? comment le désintéressement moral peut avoir son origine dans l'instinct de jouissance?

d'organisation politique et religieuse, on s'abstient de certains actes nuisibles au prochain de peur d'encourir sa vengeance.

Les mobiles idéaux sont alors exclusivement sociaux.

A un stade plus avancé de l'évolution sociale, lorsque les nécessités de la guerre confèrent l'autorité au plus fort et au plus habile, la crainte qu'il inspire assure le respect de ses ordres. Dès ce moment les mobiles deviennent politiques. L'état de guerre presque continuel, dans lequel s'écoule la vie des peuples primitifs, exige l'établissement d'une autorité absolue. Celle-ci prescrit ou défend certains actes en vue de favoriser les opérations guerrières ; la discipline militaire prend alors naissance et apparaît comme un rudiment de législation.

Aux mobiles politiques s'ajoutent bientôt les mobiles religieux. Ils entrent en jeu lorsque se répand la croyance aux esprits. Sous l'empire de cette croyance, le peuple attribue au chef défunt une survivance mystérieuse. Sa physionomie persiste dans l'imagination populaire et prend des aspects redoutables. Il devient un dieu ou un demi-dieu, qu'il faut se garder d'irriter. Une crainte superstitieuse assure le respect de ses volontés. Transmises par la tradition, celles-ci prennent la forme de coutumes jusqu'au moment où elles se fixent dans un code de lois.

Mais ces mobiles d'ordre religieux et politique ne revêtent pas encore un caractère de moralité. Aussi longtemps que l'homme obéit à la loi parce qu'il craint la vengeance divine ou les peines établies par l'autorité civile, sa conscience morale n'est point encore formée. Les mobiles vraiment moraux sont tirés de la considération des rapports nécessaires qui existent entre nos actes et leurs conséquents naturels. L'homme véritablement moral s'abstient d'une jouissance présente, non parce qu'elle est interdite par une autorité divine ou humaine, dont il craint les menaces, mais parce que de sa nature elle conduit à des conséquences nuisibles à la société.

Toutefois, les sentiments moraux ainsi définis ne se développent que lentement. Spencer reconnaît l'influence considérable qu'exercent encore aujourd'hui les mobiles religieux et politiques. Il ne conteste pas leur utilité. Ils ont pour mission de préparer l'avènement des sentiments moraux. En apprenant aux hommes à bien vivre, la religion leur permet d'expérimenter les avantages que procure la vertu. Peu à peu nous prenons l'habitude d'apprécier nos actes par leurs conséquences, et de cette façon s'élabore insensiblement la conscience morale.

L'apparition tardive des sentiments moraux s'explique suffisamment dans l'hypothèse de Spencer.

Pour que l'homme puisse juger des conséquences éloignées de ses actes, et formuler en lois les rapports qu'il constate entre tel genre de conduite et tels effets utiles ou nuisibles à la vie, il faut que des inductions multiples fournissent une base à ses appréciations, et qu'aux données de son expérience personnelle, il ajoute les données de l'expérience des autres. Or ce travail suppose un degré déjà élevé de culture intellectuelle. Selon Spencer, cette culture fait encore défaut à la plupart des hommes. Incapables de mesurer les conséquences de leurs actes, ils n'ont d'autre guide moral que les décisions d'une autorité soit humaine, soit divine, ou tout au moins réputée telle.

4ᵉ Caractère : *Affaiblissement graduel du sentiment du devoir.*

Un dernier trait de l'évolution morale, réside dans l'affaiblissement graduel du sentiment d'obligation. Ce n'est là qu'une conséquence des considérations qui précèdent.

Le sentiment du devoir, d'après Spencer, est celui d'une action coercitive, par laquelle une autorité nous impose ses prescriptions. Or, il est évident que plus nous serons guidés par la prévision des conséquences bonnes ou mauvaises de nos actes, moins nous aurons besoin, pour pratiquer la vertu, de faire appel au stimulant de sanctions positives et artificielles, telles que la crainte de châtiments. Par le fait même aussi, s'affaiblira en nous le sentiment d'une contrainte extérieure ou de l'obligation.

S'il est permis d'ajouter foi aux prédictions de Spencer, telle sera un jour la perfection de la nature, que les hommes ne seront plus vertueux par devoir, mais par plaisir.

IX.

LE POINT DE VUE SOCIOLOGIQUE.

L'animal se préoccupe avant tout de conserver sa vie, d'assouvir ses passions, d'élever sa progéniture. L'instinct de la conservation individuelle, celui de la procréation, l'instinct maternel ou paternel, sont les grands mobiles de sa conduite. Toutefois, chez certaines espèces inférieures, se découvrent des sentiments de sociabilité assez développés. Mais, abstraction faite de ces cas exceptionnels, les règles de la conduite animale ont un caractère purement individuel et familial. Selon Spencer, l'homme lui-même est demeuré originairement étranger aux sentiments de sociabilité.

Un état pré-social ou d'individualisme précède leur apparition. Mais l'altruisme, se développant au cours des âges, devient bientôt le caractère dominant de notre nature et différencie nettement l'homme des autres animaux. De là une distinction importante entre les lois de la conduite animale et celles de la conduite humaine. Les premières ont trait seulement à la vie individuelle et familiale, les secondes régissent en outre les rapports de l'individu avec ses semblables, abstraction faite de toute idée de consanguinité. Or, ce dernier point de vue constitue précisément l'aspect sociologique de la conduite.

Il sollicite surtout l'attention du moraliste. On

le comprend sans peine. L'instinct de la conservation personnelle, celui de la procréation, l'amour des parents pour les enfants sont des mobiles d'action assez forts par eux-mêmes, pour que les hommes leur obéissent spontanément, sans y être déterminés par une action coercitive du dehors. Partant, il n'a point fallu de grands efforts pour faire comprendre aux individus la nécessité d'obéir à de tels penchants. Il n'en est pas de même pour les sentiments de sociabilité. Aujourd'hui encore, ces sentiments sont fréquemment en conflit avec les penchants égoïstes. Pour suivre les premiers, il faut bien souvent sacrifier les seconds. Or ceci exige un effort. Les instincts altruistes insuffisamment développés, ne sont pas assez puissants pour régir la conduite de l'individu en toutes circonstances. Il faut qu'un enseignement démontre aux hommes la nécessité de leur obéir, et que la crainte des sanctions humaines et divines supplée à l'insuffisance des mobiles naturels. Et c'est ainsi que l'on attribue souvent d'une manière exclusive le caractère de moralité aux règles qui gouvernent notre conduite vis-à-vis du prochain.

Quelles sont ces règles ? Quelles modifications subissent-elles au cours de l'évolution ? Examinons ces deux questions.

Le but final de la société est d'assurer la conservation et le développement de l'individu. Les hommes n'ont accepté les charges de la vie sociale que pour en retirer de plus grands avantages. L'ordre social se justifie par son utilité. Les membres d'un corps sont intéressés à son existence, puisqu'ils participent de sa vie. Il existe donc une harmonie foncière entre la vie de chacun et celles de tous, entre la fin de l'individu et celle de la société. Toutefois, aussi longtemps que l'évolution n'a point accompli son cours, cette harmonie demeure incomplète. Des conflits surgissent entre les intérêts privés et l'intérêt public.

Où trouver la solution de ces conflits, et comment s'imposera-t-elle peu à peu en vertu de la loi générale du progrès ?

L'évolution sociale, nous dit Spencer, a pour point de départ l'état de guerre et tend vers un état de paix universelle et permanente.

L'état de guerre est caractérisé par la prédominance du principe d'autorité ou des droits du plus fort dans l'ordre politique et domestique, et par le développement parallèle des activités militaires et des activités pacifiques ou industrielles. Dans cet état, la liberté individuelle doit être partiellement sacrifiée aux exigences de la discipline militaire. Une action prompte et énergique est nécessaire pour faire face à toutes les éventualités d'une vie de combats et de périls. L'autorité, concentrée entre les mains du plus fort, revêt un caractère absolu. Elle présente ce caractère jusque dans l'ordre domestique, ainsi que l'attestent les prérogatives de la puissance paternelle, et les pouvoirs du maître sur l'esclave. De plus, le code de la conduite sociale contient des prescriptions différentes et opposées, selon qu'il s'agit des membres d'une même collectivité ou de collectivités ennemies. Les hommes doivent s'entr'aider mutuellement s'ils appartiennent à une même tribu ; mais à l'égard des membres d'une tribu rivale, la haine et la vengeance sont un devoir. Écraser ses rivaux pour n'être point écrasé par eux, telle est la règle qui préside aux relations entre les divers groupes sociaux. D'autre part, la conservation de chacun d'eux exige que tous ses membres s'unissent dans une action commune contre l'ennemi. L'anarchie au sein de la collectivité paralyserait son action au dehors. De là certains sentiments de solidarité entre les individus qui appartiennent à une même collectivité. Exposés aux mêmes périls, ayant à lutter contre un ennemi commun, leur intérêt est de vivre en bonne entente et de se prêter une assistance mutuelle. Ainsi, tandis que l'esprit militaire arme une tribu contre l'autre, l'altruisme, qu'engendre la conscience d'un péril commun, pousse les membres de la tribu à s'entr'aider mutuellement, déterminant déjà l'essor des activités pacifiques.

Par le fait de l'évolution ou du progrès social, ces activités tendent à devenir prédominantes. Les sentiments humanitaires s'étendent bientôt au delà des frontières des peuples. Comme les entreprises de l'esprit de conquête sont moins fréquentes, la nécessité d'une autorité forte et absolue devient aussi moins impérieuse. La liberté individuelle, sacrifiée tout d'abord aux exigences de la défense commune, revendique ses droits. La Morale ne prescrit plus seulement la bienveillance entre membres d'une même collectivité, mais entre hommes, quelles que soient les différences de race et de nationalité. Ainsi l'évolution de la conduite sociale s'accomplit dans le sens de la paix et de la liberté. Elle atteindra son terme lorsque seront définitivement taries toutes les sources d'antagonisme et de discorde d'individus à individus, de nations à nations. Quand se réalisera cet état idéal ? Dans un avenir que Spencer ne prétend pas déterminer ; on en comprend sans peine la raison. Mais ceux qui reconnaissent le dogme de l'évolution auront foi dans les prédictions du philosophe naturaliste. Il nous a montré, en effet, l'évolution réalisant de mieux en mieux les conditions de la vie, ou, ce qui revient au même, l'adaptation de l'être à son milieu. Or, l'individu a besoin de la société pour vivre et se développer. Partant, l'évolution, agissant dans un sens favorable à la vie, adaptera de mieux en mieux l'individu au milieu social, d'où l'expansion des sentiments altruistes. — Dans ses « Premiers Principes », Spencer nous a donné la formule générale de l'évolution. Elle détermine le passage du simple au complexe, de l'homogène à l'hétérogène. Elle a fait sortir, des combinaisons relativement simples du règne inorganique, les combinaisons de plus en plus complexes du règne organique. C'est elle encore qui a engendré la vie sociale par le groupement des organismes individuels. Cette vie ne peut que se développer dans le sens d'une solidarité de plus en plus étroite entre tous les membres de la famille humaine. Tout cela doit s'opérer fatalement, comme se sont réalisées à l'origine les combinaisons de la matière brute.

Du reste, cette loi d'évolution se manifeste déjà dans les formes successives que revêt la coopération sociale. De même que la vie organique, la vie sociale va se compliquant davantage et se diversifiant en fonctions distinctes. A l'origine, tous les membres de la collectivité se livrent à des occupations analogues, poursuivent par des efforts semblables certains avantages communs.

Telle est la forme de coopération la plus simple et la plus homogène. Ainsi, chez les organismes inférieurs n'apparaît point encore la différenciation des organes et des fonctions. On voit déjà cette forme primitive de coopération sociale dans la conduite des sauvages qui unissent leurs efforts dans le but de s'emparer d'une proie qu'ils se partagent ensuite.

Mais, insensiblement, naît la division du travail, multipliant les organes du corps social en vue de fonctions distinctes. Des professions diverses se créent ; il s'établit des échanges de services, puis des échanges de choses, réglés par des contrats. Toutefois ceci n'est point encore la forme définitive de la coopération.

Non seulement l'état social parfait exclut tout antagonisme entre les individus ou les sociétés, non seulement il implique l'échange des services et des choses et, par conséquent, le respect des contrats réglant ces échanges, mais il réclame encore de chaque individu certains services gratuits au profit du prochain. La conduite n'atteindra sa forme la plus élevée que lorsque, à la coopération basée sur des services qui se compensent mutuellement, viendra s'ajouter l'action désintéressée de la bienveillance.

Ainsi, après nous avoir appris que le but de la vie est de jouir, la Morale évolutionniste nous ordonne d'agir afin que se réalisent un jour les conditions d'un état social parfait.

Avant d'aborder la discussion du système, résumons-en brièvement les principaux traits :

1° La conduite est l'ensemble des actes de l'homme ou de l'animal qui tendent à la conservation et au développement de la vie.

2° La conduite suit une évolution parallèle à celle des structures et des fonctions. Elle apparaît de plus en plus complexe et efficace à mesure que l'on s'élève dans la hiérarchie des êtres.

3° La conduite efficace ne doit être jugée bonne

que si la vie constitue une source plus féconde de jouissances que de souffrances.

4° La conduite présente différents aspects : physique, psychologique, biologique et sociologique. Envisagée sous chacun de ces aspects, elle apparaît soumise à la même loi d'évolution définie tantôt.

5° Favorable au développement de la vie, l'évolution de la conduite doit amener finalement la réalisation d'un état social parfait, caractérisé par l'expansion aussi complète que possible des sentiments altruistes et l'harmonie de tous les intérêts individuels.

SECONDE PARTIE.

Discussion.

Tout n'est pas à rejeter dans la doctrine de Spencer. Il en est de cette doctrine comme de beaucoup d'autres, elle ne s'insinue dans les esprits qu'à raison de la part de vérité qui s'y trouve contenue. Cette pensée nous guidera au cours de la discussion que nous allons entreprendre. Évitant les jugements absolus, nous nous efforcerons de faire la part du vrai et du faux. Cette disposition d'esprit nous paraît être, en effet, la condition d'une critique impartiale.

Après avoir examiné brièvement l'hypothèse fondamentale du système, nous discuterons en détail les principes de morale que Spencer a déduits de cette hypothèse et qui ont fait l'objet de l'exposé précédent. Nous nous demanderons enfin comment il convient d'apprécier la nouvelle doctrine au point de vue pratique.

La seconde partie de notre étude comprendra donc trois subdivisions, intitulées comme suit : 1° L'hypothèse fondamentale du système. 2° Les principes de morale déduits de cette hypothèse. 3° La morale évolutionniste au point de vue pratique.

L'hypothèse fondamentale du système.

L'enseignement moral de Spencer implique, ainsi qu'on a pu le voir, un double postulat :

1° Une loi d'évolution ou de progrès a fait dériver les formes supérieures de la vie des formes inférieures, l'homme de l'animal. En conséquence, il faut rechercher dans les instincts de celui-ci, les lois fondamentales de la conduite humaine.

2° Le progrès étant essentiel aux êtres, la marche ascendante que l'humanité a suivie depuis ses origines ne peut manquer de se poursuivre indéfiniment, réalisant les conditions d'un état social de plus en plus parfait.

Le premier postulat concerne l'origine de l'humanité, le second son avenir. Il importe de les examiner tour à tour. Nous espérons démontrer que la morale prétendument scientifique repose sur un fondement *a priori*, et le lecteur pourra déjà juger de l'édifice par la fragilité de sa base.

A. — *Discussion de cette hypothèse touchant notre origine* [1].

Notre intention n'est pas d'étudier en détail une controverse dont les éléments ont été exposés par d'autres avec plus de compétence que nous ne pourrions le faire. Nous nous demanderons seulement s'il est bien vrai, ainsi qu'on le proclame, que l'origine bestiale de l'homme soit une donnée définitivement acquise à la science, j'entends la science digne de ce nom, celle qui, n'appuyant ses conclusions que sur des faits bien observés, a su se garder pure de tout contact avec les rêveries creuses de certaine métaphysique [2].

---

[1] Voir Notice A, à la fin du livre.
[2] On est surpris de voir bon nombre de positivistes se constituer les défenseurs d'une conception essentiellement métaphysique de l'Univers : le monisme, forme plus ou moins déguisée du panthéisme. En cela, ils se montrent assurément peu conséquents avec l'idée fondamentale de leur

On sait les prétentions des positivistes en matière de méthode scientifique : ne rien affirmer qui n'ait été constaté, écarter impitoyablement toute conception *a priori*, chercher aux connaissances humaines une base purement expérimentale. Tel est, à les entendre, le seul procédé digne de la science. S'inspirant de cette pensée, ils accusent les anciens moralistes d'idées préconçues ou *a priori*, et prétendent dégager de la seule

philosophie. Tandis qu'ils prétendent confiner le savoir humain dans le domaine des faits et font profession d'ignorer les substances et les causes, ils affirment, comme un dogme indiscutable, l'existence d'une réalité unique et absolue se cachant sous la diversité apparente des phénomènes. Mais cette réalité, ils ne l'ont ni vue ni touchée, puisque, de leur propre aveu, l'expérience ne leur donne que des phénomènes. Les voilà donc en pleine métaphysique, tant il est vrai de dire que l'homme est essentiellement métaphysicien et que le positivisme répugne à ceux-là mêmes qui en font profession. C'est le monisme, c'est-à-dire cette conception unitaire et panthéistique du monde, que l'on prétend nous imposer au nom de la Science. Celle-ci, il est vrai, fait chaque jour ressortir davantage et l'enchaînement harmonieux des faits et l'intervention d'une cause première ordonnatrice; mais elle montre aussi, avec non moins d'évidence, que, sous l'action directrice et souveraine de cette cause, agissent une infinité de causes secondes, qui ont chacune leur réalité et leur activité propres et ne s'identifient certainement pas les unes avec les autres, moins encore avec l'Absolu.

observation historique les lois de la conduite humaine.

Ce procédé est certainement louable à plus d'un point de vue ; mais il y a loin des théories à leurs applications. En réalité, la philosophie positiviste repose tout entière sur certains préjugés qui constituent comme les dogmes d'une religion nouvelle. La négation du surnaturel, l'évolution progressive et nécessaire des événements, l'unité foncière de toutes les forces de la nature, s'imposent à certains esprits comme autant de postulats indiscutables. Le positiviste croit à l'évolution tout aussi fermement que le chrétien à la création du monde ou aux destinées surnaturelles de l'humanité. Il n'est pas sans intérêt de retrouver dans les écrits d'un des représentants les plus illustres de la philosophie dite scientifique, cette tendance *a priori* si souvent reprochée aux penseurs du moyen âge.

Il est vrai, en parcourant une première fois le traité de morale de Spencer, on est frappé du nombre de faits que l'auteur emprunte à l'histoire naturelle et qu'il accumule à l'appui de ses théories. Il semble qu'il se soit attaché avec un soin scrupuleux à ne rien avancer qui n'ait été, au préalable, soumis au contrôle d'une observation rigoureuse. Mais peu à peu l'illusion se dissipe. On se rend compte que les faits sont classés dans un ordre préconçu en vue de démontrer une thèse arrêtée d'avance.

Partant de la doctrine évolutionniste, Spencer, avons-nous vu, enseigne que les divers degrés du règne animal et les divers genres de conduite représentent autant de phases successives d'un même développement. D'où il conclut que la loi morale doit se confondre avec celle de la conduite animale, et que tous les mobiles de nos actes sont finalement réductibles aux seuls instincts de la conservation de l'individu et de l'espèce et à la recherche du plaisir.

On peut donc résumer son argumentation comme suit : L'hypothèse de l'évolution exige que les lois de la conduite humaine s'identifient avec celles de la conduite animale. Donc il en doit être ainsi. Or la conduite animale n'a d'autre but que de conserver l'individu et l'espèce, elle est dirigée vers ce but par des sensations agréables ou désagréables. Donc la conduite humaine est régie par les mêmes mobiles.

Autrement scientifique paraît être le procédé

de ceux qui étudient directement l'histoire du genre humain, et s'interrogent eux-mêmes, afin de découvrir les tendances foncières de notre nature. S'il eût adopté cette méthode, Spencer se fût convaincu qu'en identifiant les lois de la conduite humaine avec celles de la conduite animale, il se heurtait à des objections de fait, qui atténuent singulièrement le caractère presque dogmatique dont il revêt son hypothèse.

Et en effet, comment n'être point frappé du contraste que présente la conduite des hommes avec celle des animaux, et ne point reconnaître dans la première la manifestation de certaines facultés et de certains mobiles que la seconde ne trahit en aucune façon ?

Il existe sans doute de nombreuses analogies entre l'homme et l'animal. L'instinct de la conservation, l'attrait du plaisir sensible, l'aversion pour la souffrance, exercent sur nos actions une influence considérable. D'autre part, l'animal, obéissant aux seules impulsions des sens ou de l'instinct, accomplit parfois des actes qui chez nous sont le fait d'une décision libre et réfléchie. Il peut même progresser d'une certaine façon; ses facultés, en effet, se développeront spontanément et se perfectionneront par l'exercice ; l'éducation ou les circonstances du milieu modifieront parfois ses habitudes ou lui en inculqueront de nouvelles ; enfin l'hérédité accentuera les caractères acquis [1]).

Mais à côté de ces analogies, que de différences importantes ! Quoi de comparable dans l'histoire des espèces animales à ces manifestations multiples et sans cesse changeantes du génie humain dans le domaine de la science, des arts, de l'industrie, de la politique, de la religion ? Au moins faudrait-il découvrir, dans la conduite des animaux, quelque chose que l'on pût considérer comme le germe des caractères que présente la conduite humaine au début de son évolution. C'est sur ce point, on le devine, que portent tous les efforts des partisans de notre origine bestiale. Faire ressortir, d'une part, l'infériorité des sauvages et des hommes préhistoriques par rapport aux peuples civilisés ; rechercher, d'autre part, dans la conduite des animaux les signes d'une intelligence semblable à celle de l'homme ; combler ainsi l'abîme qui sépare les deux règnes, en abaissant le plus possible nos ancêtres primitifs

---

[1]) Nous dirons plus loin que le progrès humain est d'un tout autre ordre que celui des animaux.

et en exaltant les facultés de l'animal : tel paraît être le procédé d'argumentation de la nouvelle école [1]).

Nous ne pouvons examiner ici tous les éléments de cette controverse : ce serait sortir du cadre que nous nous sommes tracé. Disons un mot, en passant, des principaux faits sur lesquels on cherche à appuyer la théorie de l'homme-animal.

---

[1]) Cette méthode a-t-elle bien la valeur scientifique qu'on lui prête ? Si l'on veut comparer l'homme à l'animal, n'est-il pas plus rationnel de l'étudier sous son aspect caractéristique et, par conséquent, dans le plein développement de ses facultés supérieures ; tandis qu'on s'attache à l'observer dans l'état sauvage qui n'est que le point de départ de son évolution ou le résultat de sa décadence ? Jugera-t-on du langage humain par les vagissements de l'enfant ? A ce compte on pourra affirmer sans doute que l'homme n'est point distinct de l'animal. Le procédé en question est comparable à celui qu'emploierait un anatomiste, qui, pour étudier la structure de l'organisme humain et ses traits caractéristiques, se contenterait d'observer des fœtus ou des cas de monstruosité. L'argument que l'on fait valoir se retourne aisément contre nos adversaires : Plus nos ancêtres étaient voisins de l'animalité, plus se manifeste la faculté de progresser, trait caractéristique de notre espèce. Or ce qui apparaît au terme d'une évolution doit se trouver dans une certaine mesure à son point de départ. Il fallait donc que le sauvage de l'époque quaternaire cachât déjà au fond de son être un principe de progrès qui le différenciait essentiellement de l'animal.

On voudrait reconstituer par la pensée l'état originel de l'humanité, d'après les données que l'on possède sur la vie des sauvages actuels, et sur celle des hommes préhistoriques dont on a mis au jour les débris d'industrie et quelques rares fossiles. Or, loin de confirmer l'hypothèse de notre origine bestiale, ces données se retournent au contraire contre elle.

— En ce qui concerne les sauvages actuels, ce sont, dit-on, des arriérés chez lesquels l'évolution n'a pu opérer toute son œuvre et dont le développement intellectuel s'est trouvé de bonne heure entravé par suite de circonstances spéciales. Ils se seraient donc arrêtés dans la voie du progrès, à mi-chemin entre l'homme primitif et l'homme civilisé. Mais c'est précisément ce qu'il faudrait prouver, tandis qu'on se contente de l'affirmer.

Et tout d'abord, la supériorité du sauvage moderne sur son ancêtre préhistorique est-elle bien établie ? On a de bons motifs d'en douter. L'homme préhistorique, en effet, parmi des obstacles et des difficultés de tous genres est parvenu à se frayer une voie vers la civilisation [1] ; le sau-

---

[1] Pour inventer et perfectionner leurs outils et leurs armes, tailler et polir la pierre, sculpter l'ivoire, trouver le

vage, au contraire, se montre impuissant à rien ajouter aux progrès réalisés par ses ancêtres, aussi longtemps du moins qu'il reste soumis aux mêmes conditions ambiantes. Autrement plausible paraît être l'opinion d'après laquelle l'état sauvage serait le résultat d'une déchéance provoquée par les influences d'un milieu spécialement défavorable.

L'homme, nul ne le contestera, n'est pas moins susceptible de déchoir que de progresser. L'histoire n'en fournit que trop de preuves. Faut-il rappeler le sort de ces civilisations brillantes de l'Égypte, de l'Inde, de la Babylonie qui florissaient déjà à une époque où nos ancêtres menaient

moyen de faire du feu, avoir l'idée de cuire leurs aliments, se construire des huttes, dresser des pièges aux animaux féroces etc., etc., n'a-t-il pas fallu à nos ancêtres préhistoriques autant, et peut-être plus, d'intelligence qu'il n'en faut à nous pour recueillir l'héritage des générations passées et ajouter quelque chose à leur œuvre ? En vérité, la question mérite d'être posée. N'oublions pas, en effet, que ces hommes des temps quaternaires furent les premiers pionniers de la civilisation, tandis que nous en avons trouvé la voie large ouverte devant nous. Quel serait notre sort, si, placés dès l'enfance dans les conditions pénibles qu'ils connurent, nous n'eussions pu compter comme eux que sur les ressources de notre intelligence et sur nos efforts personnels ?

encore une vie errante dans leurs forêts ? Et sans remonter aussi loin dans le passé, qu'est-il advenu de ces peuples du Nord de l'Afrique [1]) dont le christianisme avait fait la conquête et qui fournirent à l'Église plus d'un docteur illustre ? La civilisation s'est retirée d'ici pour porter son flambeau ailleurs.

Ainsi la déchéance de l'homme n'est pas seulement une possibilité, elle constitue un fait historique. Nous en pouvons même voir les tristes manifestations autour de nous, chez cette populace à l'aspect repoussant, reléguée dans les quartiers inexplorés de nos plus opulentes cités, et qui, au sein même de la civilisation, croupit dans la misère et dans le vice. Mais, étant donné que l'homme peut déchoir, il est permis de se demander si le sauvage est bien un retardataire, comme le veulent les évolutionnistes, et non plutôt un dégénéré. Cette dernière solution, malgré la

---

[1]) Même au moyen âge la situation des nègres de l'Afrique, situation analogue aux sociétés féodales de l'Europe, était fort supérieure à leur état actuel. Le niveau a dû baisser notablement chez les sauvages de l'Océanie, si l'on en juge par les anciens monuments dont ces îles sont parsemées. (Voir l'article de l'abbé THOMAS dans le *Correspondant*, année 1885, *De la condition primitive du genre humain*).

fascination qu'exercent sur certains esprits les doctrines nouvelles, n'a pas cessé d'être défendue jusqu'à nos jours par des savants de grande autorité ; tels notamment Max Muller et Virchow, le premier s'appuyant sur le fait du langage, le second sur certaines tares qui caractérisent les races inférieures et trahissent leur dégénérescence. L'extrême complexité et la perfection du langage que parlent les sauvages les plus abrutis, prouvent à toute évidence qu'ils ont connu jadis un état de civilisation supérieur. C'est en considérant ce fait, que Max Muller écrit à propos des Iroquois : « Le peuple qui a créé une telle langue doit avoir possédé une grande puissance de raisonnement et de classification » [1]).

De son côté, M. de Quatrefages a accumulé les faits à l'appui de cette même opinion touchant la dégénérescence des sauvages. Il signale notamment chez des peuplades d'une infériorité notoire, et dans lesquelles on avait vraiment cru découvrir les intermédiaires entre l'homme et l'animal, certaines croyances d'un spiritualisme élevé mêlées

---

1) Cité par DE NADAILLAC dans son étude : *L'homme et le singe*.

à des superstitions grossières [1]). Or ces croyances ne peuvent assurément pas être considérées comme une conquête de l'esprit et l'indice d'une évolution progressive, puisqu'il s'agit de populations dont la vie intellectuelle semble depuis longtemps stationnaire et réduite à son minimum. Elles ont donc une origine traditionnelle et témoignent dès lors d'un état mental jadis plus développé.

On peut se demander, en outre, si la déchéance des sauvages est aussi profonde et irrémédiable qu'elle le paraît à première vue. Leur état implique-t-il toujours et nécessairement une faiblesse native de l'esprit, une impuissance radicale de progresser? Ou bien, ne tient-il pas plutôt aux circonstances tout extérieures et spécialement pénibles au sein desquelles s'écoule leur misérable existence? Dans une étude récente sur la question, M. de Nadaillac [2]) mentionne un fait significatif à cet égard. Il s'agit des Tinneh, peuple entièrement sauvage, habitant des régions arides et désolées au Nord de l'Amérique. Certains rameaux de ce peuple descendirent vers le Sud pour se

---

[1]) Voir *les Pygmées* de QUATREFAGES.
[2]) *Ouvr. précité.*

fixer dans les riches vallées de la Californie. Or, une fois placés dans ce nouveau milieu, ils ne tardèrent pas à se développer et à donner naissance à une race supérieure. De nombreuses expériences ont du reste prouvé que le sauvage mis en contact avec des hommes civilisés peut apprendre leur langue et adopter leur manière de penser et d'agir. Son esprit s'ouvre comme par enchantement à des notions qui lui étaient étrangères. Sous l'influence du christianisme, ses mœurs s'adoucissent, ses croyances religieuses s'épurent, et des sentiments qu'il semblait ignorer trouvent accès dans son cœur. Or c'est là un fait en opposition formelle avec l'hypothèse évolutionniste. Selon cette hypothèse, en effet, la faculté de progresser ne devrait exister que sous une forme rudimentaire chez les races inférieures ou soi-disant primitives. De plus, cette faculté ne serait point susceptible d'un développement rapide, son évolution impliquerait au contraire une série infinie d'états psychiques intermédiaires entre celui des sauvages et le nôtre. Lors donc que le sauvage s'élève tout d'un coup, et par le seul fait de l'éducation, à la culture de l'homme civilisé, c'est une preuve que sa vie intellectuelle n'était qu'accidentellement paralysée, au lieu de constituer le point de départ d'une évolution qui, pour réaliser l'état mental des races supérieures, aurait, au dire même des transformistes, exigé un temps incalculable.

Il est un argument d'un autre ordre qui confirme ces considérations et que Wallace opposait déjà à la théorie de la sélection naturelle.

Cette théorie, on le sait, enseigne que la sélection ne confère à l'animal que les organes et les facultés qui lui sont nécessaires pour faire face à ses besoins *actuels*. L'organisme, dit-on, ne se transforme qu'au fur et à mesure que les circonstances ambiantes venant à se modifier, créent d'autres conditions d'existence et nécessitent conséquemment une adaptation nouvelle de l'agent au milieu. Mais cette loi de la sélection n'opère point en prévision de l'avenir, elle ne produira rien qui n'ait son utilité immédiate.

Or, objectait Wallace, on constate précisément chez le sauvage l'existence de certains organes dont le développement et la perfection ne se justifient nullement par des nécessités présentes. Tel est notamment le cerveau. Infiniment plus développé chez l'homme le plus arriéré que chez le plus rusé des singes, il ne paraît pas d'un volume beaucoup moindre chez le sauvage que chez le civilisé [1]).

On cite même des individus de race tout à fait inférieure présentant une capacité crânienne exceptionnelle. Cependant, nous l'avons déjà dit, la vie intellectuelle du sauvage est réduite à son minimum. Il y aurait donc ici disproportion manifeste entre l'importance de l'organe et celle de ses fonctions. Dès lors, en vertu même de la théorie de la sélection, on serait tenté de conclure que le cerveau du sauvage fut autrefois le siège ou l'instrument d'une activité psychique plus intense [2]).

---

[1]) La différence à ce point de vue entre le sauvage et le civilisé, paraît insignifiante et nullement en rapport avec celle qui existe entre eux au point de vue du développement intellectuel et de la conduite en général.

[2]) Wallace, on le voit, appuie toute son argumentation sur cette idée qu'il est possible de déterminer quel est, ou tout au moins quel fut, le niveau intellectuel d'une race, d'après la capacité crânienne de ses représentants. Cette opinion qui se vérifie dans certains cas, n'a pourtant pas, il faut le reconnaître, la valeur d'une loi rigoureuse et universelle. La capacité crânienne, toutes proportions gardées du reste, d'un animal ou d'un homme ne permet pas toujours de juger du degré d'intelligence. Malgré cela, l'argumentation de Wallace conserve toute sa force contre les adversaires que l'illustre naturaliste anglais avait spécialement en vue.

Nous nous trouverions donc en présence de fonctions atrophiées ou paralysées, bien plutôt que rudimentaires. Que si l'on s'obstinait à voir dans le sauvage un simple arriéré, il faudrait reconnaître que son cerveau a été façonné d'avance par une puissance intelligente en vue d'un développement mental à venir.

Quoi qu'il en soit du reste de cette question, il est clair qu'avec ses croyances religieuses et ses idées morales, son langage compliqué, fait, en partie du moins, de termes généraux, à la différence du langage purement émotionnel des bêtes, son organisation sociale, son industrie, son aptitude à recevoir les enseignements de la civilisation, voire même à progresser dans une certaine mesure par lui-même, lorsqu'il est placé dans des conditions plus favorables, le sauvage apparaît infiniment supérieur au singe le plus rusé. Assurément, ce n'est pas en lui que l'on trouvera l'intermédiaire vainement recherché entre le règne humain et le règne animal.

Les évolutionnistes semblent enfin l'avoir compris, c'est maintenant aux documents préhistoriques qu'ils font appel pour établir leur hypothèse. Trouveront-ils de ce côté un argument plus probant? Il ne paraît guère, à en juger par l'inutilité de leurs efforts jusqu'à ce jour. Que savons-nous au juste des hommes préhistoriques ?

Rappelons ici quelques données générales empruntées à des auteurs compétents [1]).

L'homme a certainement habité nos régions à l'époque quaternaire. Il paraît avoir été contemporain des derniers *elephas antiqui* et ensuite du mammouth [2]). A cette époque son industrie est surtout représentée par des instruments en pierre non polie et de forme relativement simple [3]). Ces

---

[1]) Mortillet, *Le Préhistorique*. — Fraipont, *Les Cavernes et leurs habitants*. — Nadaillac, *L'Homme et le singe*. — de Quatrefages, *Hommes fossiles et hommes sauvages*.

[2]) D'où venaient les premiers habitants de l'Europe? Quelles étaient leurs idées morales et religieuses ? Ne se rattachaient-ils pas originairement à quelque type plus parfait ? N'avaient-ils pas subi sous l'action du milieu une déchéance analogue à celle du sauvage moderne ? N'est-ce point au contact de peuplades plus avancées venues de quelque autre région, que l'Européen des premiers temps du quaternaire a appris ensuite à modifier et à perfectionner son outillage ? On ne peut répondre à ces questions que par des hypothèses.

[3]) L'homme de l'âge du mammouth n'utilisait-il que la pierre? Il serait assurément téméraire de le prétendre. Nous savons que les Mincopies, inférieurs dans l'art de travailler la pierre aux hommes des premiers temps du quaternaire, possèdent des flèches, des javelots à détente remarquablement ingénieux, des arcs d'une force et d'une justesse étonnantes, se

instruments appelés chelléens et moustériens [1]) consistent en coups de poings, racloirs, pointes, scies, lances formant déjà un outillage varié. « Le coup de poing chelléen, écrit M. Mortillet,

construisent des canots, savent faire des vases allant au feu et servant à la cuisson des aliments, tressent finement des paniers, construisent des cabanes en bois. (Voir DE QUATREFAGES, *Histoire générale des races humaines*, p. 242). Selon M. Fraipont, le travail de l'os et de l'ivoire n'était pas inconnu à l'époque du mammouth. " L'industrie, écrit-il, est franchement et grossièrement moustérienne dans le niveau ossifère inférieur. Elle est encore moustérienne dans le niveau ossifère moyen. Mais le travail de la pierre est beaucoup plus soigné. Le travail de l'os et de l'ivoire y est très développé. On trouve des os entaillés, marqués de dessins en zigzag, des pendeloques, des perles en ivoire sculpté et teintées de rouge „ *(Les Cavernes et leurs habitants)*. Des débris de poterie ont été retrouvés en France, en Allemagne, en Belgique, mêlés à des restes de faune et de l'industrie de l'homme de l'âge du mammouth et du renne. (Voir FRAIPONT, *ouvr. cité*, p. 102).

[1]) Selon M. de Mortillet, l'industrie humaine en se développant au cours des temps quaternaires aurait traversé certaines phases bien déterminées, caractérisées chacune par un instrument spécial. C'est ainsi qu'il distingue entre l'industrie chelléenne, moustérienne, solutrienne et magdalénienne. La première correspondrait à l'époque de l'*elephas antiquus*, la seconde et la troisième à l'époque du mammouth, la quatrième à celle du renne. Exacte dans ses traits généraux, cette classification ne paraît pas cependant d'une rigueur absolue. " Le classement stratigraphique des types chelléens et moustériens, écrit M. Arcelin, trouve sans doute son application

varie beaucoup de forme, de grandeur, de fini, de
matière et dénote déjà un ouvrier fort habile ....
il servait, suivant ses modifications de taille et la

sur quelques points : mais sur d'autres il est complètement
renversé. Dans les gisements paléolithiques les plus anciens
de l'époque de l'éléphant antique, on trouve déjà les deux
types fréquemment associés. Dans telle station on ne rencontre que du chelléen; dans telle autre, que du moustérien, sans
que la stratigraphie ni la faune permettent de les attribuer à
des âges différents. „ (Voir *Compte-rendu du IIIe Congrès
scientifique international des Catholiques*, Bruxelles 1894,
p. 57). Il est certain du reste que parmi les populations des
temps quaternaires, les unes ont pu transformer et perfectionner leur outillage plus rapidement que les autres. L'invasion des chasseurs de renne et plus tard celle des néolithiques
en sont la preuve. Bien que l'âge de la pierre précède généralement celui des métaux, il est hors de doute que ceux-ci ont
été connus en Orient, beaucoup plus tôt que chez nous.
D'autre part, on a pu faire longtemps usage de métaux et de
pierres à la fois. Notons encore cette observation de M. de
Quatrefages : " L'esprit humain, écrit-il, ne se développe pas
toujours d'une manière uniforme dans les diverses directions
compatibles avec un certain état social. Très avancé à certains
égards, un peuple, une tribu peuvent être fort en retard sous
d'autres rapports „ (*Histoire générale des races humaines*,
p. 242). Quoi qu'il en soit, et sans vouloir entrer davantage dans
le détail de controverses qui ne sont pas de notre compétence, il reste vrai de dire que l'industrie humaine a suivi dès
les temps préhistoriques une marche généralement progressive. C'est le seul fait qui doive nous intéresser ici et que
personne du reste ne songe à contester.

manière de l'employer, de hache, de couperet, de couteau, de scie. » Nous nous trouvons donc ici en présence d'un être qui n'obéit pas aux lois invariables de l'instinct, mais s'élevant à la conception de quelque type général, se montre ensuite capable de le réaliser différemment selon la fin qu'il se propose.

L'industrie de la pierre va se perfectionnant; elle atteint son apogée à la fin de l'âge du mammouth (époque solutrienne). Des sculptures représentant des cervidés semblent, d'après Mortillet, dater de cette époque. Au cours de l'époque magdalénienne (âge du renne), l'industrie de la pierre entre en décadence, tandis que celle de l'ivoire se développe. Cette époque marque un développement industriel et artistique très avancé. L'homme magdalénien paraît appartenir à une autre race que celui de l'époque moustérienne.

« Les chasseurs de rennes, écrit Fraipont, ne paraissent pas être les descendants des hommes de Spy. Ils avaient probablement émigré de la haute Asie » [1]. Aux temps quaternaires succèdent les temps néolithiques. De nouveaux types ethni-

---

[1] *Les cavernes et leurs habitants.*

ques font leur apparition en Europe. Ils venaient, selon Mortillet, de l'Asie Mineure, de l'Arménie et du Caucase. Ils introduisirent en Europe la culture des céréales, la domestication des animaux, l'art du tisserand et du potier. Ils utilisaient encore la pierre ; mais, à la différence des primitifs, ils savaient la polir. Ils avaient le culte des morts plus développé encore que les chasseurs de renne du quaternaire. Peu à peu se répand en Europe l'usage des métaux, importés de l'Orient. Une période nouvelle succède à la période néolithique. Telles sont, en résumé, les principales données de la préhistoire en ce qui concerne la civilisation des premiers habitants de l'Europe. Elles nous conduisent à une importante conclusion : L'homme préhistorique, non moins que l'homme actuel, échappe aux lois fixes et invariables de l'instinct. Il perfectionne incessamment son industrie et apparaît ainsi doué de cette faculté de progresser qui constitue l'apanage de l'être raisonnable.

— Mais comment interpréter les prétendus caractères d'infériorité que présenteraient, au dire des évolutionnistes, certains crânes ou autres ossements fossiles attribués à des hommes préhistoriques ?

En admettant que ces caractères fussent nettement déterminés, et qu'il fût permis d'en conclure d'une manière générale à l'infériorité de certaines races primitives, encore ne prouveraient-ils nullement notre origine simienne. On pourrait, en effet, les attribuer aux conditions spécialement pénibles dans lesquelles a dû s'écouler la vie des premiers habitants de l'Europe. Aux prises avec les intempéries du climat et avec une faune redoutable, absorbés par la préoccupation de pourvoir chaque jour à leurs besoins physiques, ils menaient assurément une existence peu favorable à leur développement intellectuel, et il est possible que leur genre de vie ait imprimé à leur physionomie quelque apparence bestiale.

Mais supposons un moment clairement démontrée la parfaite identité de l'homme primitif et du singe au point de vue anatomique. Il resterait toujours vrai que l'homme s'est élevé au-dessus de l'animalité, tandis que les espèces simiennes sont restées ce qu'elles étaient. Plus l'homme sera parti de bas, plus se manifestera sa faculté de progresser. Et s'il y avait vraiment identité au point de vue physique entre notre ancêtre et le singe, il faudrait bien chercher ailleurs que dans l'organisme le siège de cette faculté supérieure qui a permis à l'homme de se différencier si profondément de l'animal pour devenir le roi de la création.

Au reste, l'identité physique de l'homme primitif et du singe est loin d'être établie [1]). De l'aveu

[1]) On sait que le type de Néanderthal, type apparemment inférieur, semble avoir été celui d'une des races préhistoriques les plus anciennes que l'on connaisse. La mâchoire dite de la Naulette, découverte auprès de Dinant en 1862, a vraisemblablement appartenu à un individu de ce type; or, au sujet de cette mâchoire M. Topinard, ardent évolutionniste, écrit : " Elle présente quelques caractères rappelant les dispositions simiennes et en présente réunies plus qu'aucune autre mâchoire connue ; mais pas un de ces caractères n'a une valeur absolue, ils ne peuvent caractériser une espèce ou une race intermédiaire entre l'homme et le singe. „ *(Les caractères simiens de la mâchoire de la Naulette*, REVUE D'ANTH., juillet 1886). Parlant du crâne de Néanderthal dont l'authenticité est du reste fort contestée aujourd'hui, mais que beaucoup ont pris pour type d'une des plus anciennes races de l'époque quaternaire, Huxley reconnaît que sa capacité suffirait seule à prouver que les tendances pithécoïdes ne s'étendaient pas profondément à l'organisme.

" Les ossements de Néanderthal, ajoute-t-il, ne peuvent à aucun point de vue être considérés comme ceux d'un être intermédiaire entre l'homme et le singe. „ (Cité par DE NADAILLAC : *l'homme et le singe*, p. 44). " La paléontologie, écrit le même Huxley, ne jette aucune lumière sur l'origine pithécoïde de l'homme ni sur ses ancêtres simiens. Tant que cette lumière nous éclaire, nous le voyons tel qu'il est aujourd'hui;

même de M. de Mortillet, on en est encore à rechercher les restes du fameux anthropopithèque dont la physionomie nous est cependant décrite par certains auteurs avec une richesse et une précision de détails étonnantes [1]). Mais, comme

quand cette lumière s'affaiblit, nous ne trouvons aucun fait qui permette de croire qu'il ait jamais été autrement. „ Selon Vogt, le type de Néanderthal ne serait nullement incompatible avec un développement intellectuel très avancé. (Cité par DE NADAILLAC, p. 44). " Dans la question de l'homme, disait en 1892 Virchow, au Congrès de Moscou, nous sommes repoussés sur toute la ligne. Toutes les recherches entreprises dans le but de retrouver la continuité dans les développements progressifs ont été sans résultat; il n'existe pas d'hommes-singes. „ Nous ne citerons pas de Quatrefages; ses conclusions sur ce point sont suffisamment connues, elles sont le fruit de longs travaux consacrés d'une manière presque exclusive à l'étude des hommes préhistoriques et des sauvages modernes.

[1]) La célèbre découverte faite par le docteur Dubois dans l'île de Java n'a point jeté plus de lumière sur la question. Cette découverte, on le sait, mit au jour un fragment de crâne, un fémur et une dent. Le crâne gisait à une certaine distance du fémur. La capacité crânienne devait varier entre 900 et 1000 c. c. Quelle est l'antiquité de ces ossements? Sont-ils d'un même individu? Cet individu appartenait-il à quelqu'espèce disparue, intermédiaire entre l'homme et le singe? Ne sommes-nous pas plutôt en présence des restes d'un sauvage microcéphale ou d'un spécimen d'une race humaine très arriérée? Tous ces points sont encore aujourd'hui l'objet de controverses qui semblent sans issue. Le docteur Manouvrier pense qu'il s'agit d'une race humaine ou préhumaine

l'observait récemment un illustre physiologiste anglais [1]), depuis un quart de siècle bon nombre de savants préoccupés de plier les faits aux exigences d'une théorie, se sont attachés presque exclusivement à faire voir les ressemblances qui existent entre l'homme et le singe, négligeant les différences. Ces différences n'en sont pas moins remarquables, non seulement au point de vue des facultés mentales, mais encore au point de vue de la structure. « Elles sont profondes et significatives, écrit Huxley ; chaque os de gorille porte une empreinte par laquelle on peut le distinguer dans la création actuelle de l'os humain correspondant ; aucun être intermédiaire ne comble l'abîme qui sépare l'homme du troglodyte. Nier cet abîme serait aussi blâmable qu'absurde [2]). Au reste, il ne s'agit pas ici de simples différences de

---

inférieure aux races actuelles les plus dégradées, ou d'une race d'anthropoïdes disparus aujourd'hui sans laisser de représentants ; à moins, a-t-il soin d'ajouter, que le crâne ne soit celui d'un sauvage microcéphale. M. Houzé, au contraire, attribue les ossements de Java à un homme proprement dit appartenant au type de Néanderthal. (Voir l'exposé de la question dans l'étude de M. DE NADAILLAC).(Voir aussi l'étude de M. Houzé dans la *Rev. Univ. de Bruxelles*, 1895.)

[1]) Sir WILLIAM TURNER, cité par DE NADAILLAC : *L'homme et le singe*, p. 7.
[2]) *La place de l'homme dans la nature* (trad. française).

détail. « Lorsque l'on envisage les organismes humain et simien dans leur ensemble, et que l'on tient compte des corrélations des parties qui les composent, écrit de Quatrefages ¹), on reconnaît à première vue que le plan général est fort différent et correspond à deux genres de vie bien distincts.... Ce contraste est des plus accusés, précisément chez les représentants les plus élevés du type, chez l'orang et le gorille, par exemple. Aussi l'homme est-il essentiellement marcheur, le singe essentiellement grimpeur.... »—« Ajoutons, écrit encore le même auteur, que les observations de Pruner Bey sur l'apparition successive des dents, de Broca sur l'angle orbito-occipital, de Gratiolet sur le mode de constitution des circonvolutions cérébrales, de Welcker sur l'angle sphénoïdal, ont mis hors de doute que chez l'homme et chez le singe le développement des divers appareils fonctionnels se fait dans un ordre inverse. » Et l'éminent anthropologiste conclut un peu plus loin : « Il est impossible que l'homme compte un singe quelconque parmi ses ancêtres » ²). Cette

---

¹) *Histoire générale des races humaines.*
²) M. Gaudry n'est pas moins explicite. " Le singe, dit-il, est fait pour grimper, non pour rester debout etc., etc. „ *Paléontologie philosophique*, p. 90.

conclusion est assez généralement admise aujourd'hui même dans le camp des évolutionnistes. On se borne à affirmer que l'homme et le singe représentent deux séries parallèles issues d'un même tronc [1]). Les évolutionnistes se réfugient cette fois dans l'hypothèse d'une époque infiniment reculée, qui, par son éloignement même, échapperait à toutes les investigations de la science et durant laquelle se serait opéré le passage mystérieux d'un règne à un autre. Nous n'essaierons pas de les atteindre dans leur retraite. Comment porter le débat sur un terrain totalement inconnu où

---

[1]) Quelles preuves possède-t-on de l'existence de cet ancêtre commun ? A quelle époque vivait-il et quelle était son origine à lui ? Comment a-t-il donné naissance à deux types aussi profondément distincts que l'homme et le singe ? Pourquoi, issus d'une même souche, l'homme et le singe ont-ils suivi des voies si différentes, l'un s'élevant peu à peu jusqu'à la civilisation, l'autre ne dépassant pas la sphère des instincts animaux et restant depuis un temps immémorial ce qu'il était ? Enfin, s'il faut considérer le singe comme un anthropopithèque dégénéré, quelles ont été les causes de cette dégénérescence et d'où vient qu'elles n'agissent plus depuis de longs siècles, laissant subsister l'espèce avec tous ses caractères propres ? Il est à peine nécessaire de le dire, on ne fournit aucune réponse satisfaisante à ces questions et le problème de nos origines apparaît une fois de plus environné d'obscurités et de mystères.

tous les éléments d'une discussion sérieuse font nécessairement défaut ? Mais aussi, que penser de la valeur scientifique d'une théorie qui ne peut opposer aux faits qu'une affirmation arbitraire !

L'incertitude qui plane sur la question de nos origines, les caractères qui nous différencient de l'animal, spécialement au point de vue des facultés mentales et des sentiments moraux, arrachaient déjà cet aveu à Darwin : Il serait d'un intérêt immense de retracer sans doute le développement de chaque faculté distincte, de l'état dans lequel elle se rencontre chez les animaux inférieurs jusqu'à celui qu'elle atteint chez l'homme ; mais c'est une tentative que ne me permettent ni mes moyens ni mes connaissances » [1]). On sait d'autre part que Wallace, l'émule de Darwin, et avec lui le créateur de la nouvelle doctrine, frappé de l'abîme qui sépare le règne animal du règne humain, ne croyait pas pouvoir appliquer à ce dernier la théorie de la sélection naturelle. Wallace avait bien vu que la loi de l'adaptation de l'être au milieu ne s'accomplit pas de la même

---

[1]) Cité par DE QUATREFAGES, *Darwin et ses précurseurs français*.

manière pour l'homme que pour l'animal. S'il faut en croire les transformistes, les espèces animales, au cours des périodes géologiques, ne se seraient adaptées à de nouveaux milieux qu'en subissant des modifications organiques importantes, aboutissant à la création d'espèces nouvelles. Or, contrairement à cette loi, l'homme nous apparaît traversant les milieux les plus divers sans rien perdre de son identité physique. Grâce à son intelligence, il s'assujettit de plus en plus les forces de la nature. Au lieu de se modifier passivement sous l'action du milieu, il le transforme peu à peu et l'adapte à ses exigences propres. En présence d'ennemis redoutables, il n'attend pas pour les combattre que la sélection l'ait pourvu de moyens de défense naturels. Ces moyens, il les crée artificiellement, inventant des armes et des pièges qui lui permettent de se rendre maître d'animaux infiniment plus puissants que lui. Exposé aux rigueurs du froid, il sait utiliser le feu et se fabriquer des vêtements. Moins bien pourvu que les autres êtres au point de vue de la lutte pour l'existence, il triomphe cependant de tous ses ennemis et subit impunément tous les climats. Tandis que se transforment les flores et les faunes, l'homme conserve ses caractères spécifiques et ne subit que des modifications accidentelles. Ce n'est point la nature qui le façonne au gré de ses caprices, c'est lui qui entreprend la conquête de la nature.

En présence d'un fait aussi considérable et qui ressort avec une telle évidence de toutes les données de la Paléontologie, Wallace n'hésitait point à reconnaître que la sélection naturelle n'est point le vrai facteur de la civilisation et qu'il existe sous ce rapport une différence essentielle entre l'évolution humaine et l'évolution animale [1]).

— Que dirons-nous enfin des faits empruntés à l'étude des mœurs des animaux et dans lesquels on s'efforce de découvrir les indices d'une vie intellectuelle analogue à la nôtre ? Certes, de tels faits prouvent à toute évidence que l'animal n'est pas une simple machine, comme le pensait Descartes. Nous l'avons déjà reconnu, l'animal éprouve des sensations et des sentiments divers. Il se souvient de ce qu'il a vu et entendu, associe ses souvenirs, fonde sur l'expérience du passé une

---

[1]) Voir WALLACE, *La sélection naturelle.*

certaine connaissance de l'avenir, se montre susceptible d'amour et de haine, de joie et de tristesse, obéit à des instincts merveilleux qui lui permettent de discerner spontanément les choses utiles des choses nuisibles et lui font parfois entreprendre certains travaux dont l'habileté excite à juste titre notre admiration. Mais tout ceci n'est nullement en question. Il s'agit seulement de savoir si les faits invoqués par les évolutionnistes nous forcent à attribuer à l'animal, outre la sensibilité, la mémoire, l'imagination et l'instinct, la raison qui a pour objet propre l'universel et l'abstrait et s'élève au-dessus de la considération du monde matériel, pour saisir des réalités radicalement imperceptibles aux sens. Tel est le point précis du débat [1]).

On peut classer les manifestations de l'intelligence animale en trois catégories [2]) :

1° Les actes que l'animal accomplit à la suite d'une éducation spéciale que nous lui avons don-

---

[1]) L'abbé DE BROGLIE dans son livre : *La Morale sans Dieu*, pose nettement le problème.

[2]) Voir à ce propos l'étude de M. DE KIRWAN : *Compte-rendu du Congrès scientifique des catholiques tenu à Bruxelles en 1894* (section de Philosophie).

née, tels ceux d'un chien savant, ou d'un cheval dressé en haute école. La mémoire, l'association des images et des sensations expliquent aisément de pareils actes.

2° Les actes que l'animal accomplit spontanément, sans aucune éducation préalable, et d'après certaines règles fixes qui se retrouvent chez tous les individus d'une même espèce, dans des circonstances données. Ces actes sont attribués à une impulsion naturelle ou instinctive. Rien de plus mystérieux assurément que l'instinct ; il est impossible toutefois de le confondre avec l'intelligence. C'est par instinct que le caneton à peine sorti de l'œuf se dirige vers la mare voisine pour se jeter à l'eau. C'est encore par instinct que l'araignée tisse sa toile, que l'abeille construit sa ruche, que le castor édifie sa demeure, que l'oiseau fait son nid. Ces travaux ne sont certainement le fait ni de l'éducation, ni de l'expérience ; l'animal les exécute spontanément sans jamais les avoir appris ni vu faire.

« Qui apprend au ver à soie, demande Flou-

---

[1]) Voir Mercier, *Cours de Psychologie*. Voir aussi Farges, *Le cerveau, l'âme et les facultés*.

rens, à faire son cocon ? Il n'a point vu ses parents : une génération ne voit pas l'autre. Qui apprend à l'araignée à tisser sa toile ? Pourquoi fait-elle bien du premier coup ? Pourquoi fait-elle toujours bien ? Pourquoi ne peut-elle faire mal ? Tout le monde connaît l'araignée des jardins, dont la toile est le modèle des rayons qui partent d'un centre. Je l'ai vue bien souvent à peine éclose commencer à tisser sa toile » [1]).

— Encore moins est-il permis d'attribuer de tels actes au raisonnement.

L'expérience faite par Cuvier sur un jeune castor paraît décisive à ce point de vue : l'animal ayant été mis en cage tout jeune, tenta aussitôt de se construire, au moyen des matériaux qu'on lui avait fournis, une habitation qui ne pouvait évidemment lui être d'aucune utilité [2]) ! Le simple bon sens nous interdit, du reste, de confondre les actes instinctifs avec ceux de l'intelligence. Sans cela, en effet, il faudrait supposer à l'araignée et à l'abeille une puissance de raisonnement, une

---

[1]) FLOURENS, *De l'instinct et de l'intelligence des animaux*, p. 127.
[2]) FLOURENS, *ouvr. précité*, p. 93.

connaissance des lois de la géométrie, de l'équilibre et des règles de l'esthétique qui les rendraient supérieures à bon nombre d'individus de notre espèce.

« C'est un problème de mathématiques très curieux, lisons-nous dans Mercier, de déterminer sous quel angle précis les trois plans qui composent le fond d'une cellule d'abeille doivent se rencontrer pour offrir la plus grande économie ou la moindre dépense possible de matériaux et de travail. Ce problème appartient à la partie transcendante des mathématiques, observe Reid ; Maclaurin l'a résolu et a trouvé que cet angle est celui sous lequel les trois plans du fond de la cellule se rencontrent en la réalité dans la construction des abeilles » [1]).

Dira-t-on que les abeilles ont dû faire, du moins originairement, les calculs du célèbre mathématicien ? Cette conclusion ne serait pas moins contraire à la thèse évolutionniste qu'à la nôtre.

Chose remarquable, les animaux aux instincts si merveilleux se montrent d'autre part fort stu-

---

[1]) *Cours de Psychologie.*

pides en une foule de situations où leur intelli
gence devrait cependant les guider. L'abeille
dont il vient d'être question, continuera à remplir
la cellule au fond de laquelle on a percé un trou
par où les provisions suintent et se perdent. Elle
poursuivra sa tâche sans que jamais l'idée lui
vienne de réparer tout d'abord la brèche qui rend
ses labeurs inutiles, et cela malgré que ses provi
sions disparaissent aussitôt déposées [1]).

On a constaté dans les jardins d'acclimatation
que le castor, cet habile architecte, est incapable
de comprendre les leçons les plus élémentaires
du dressage. Au dire de Flourens, il ne reconnaî
trait même pas son gardien. Ceci relève assuré
ment de la mémoire plutôt que de l'intelligence
Mais l'intelligence ne va pas sans une certain
mémoire qui lui fournit les données nécessaires
ses inductions. La perdrix, voletant péniblement
ou se laissant tout à coup tomber sur le sol comm
pour s'attirer la poursuite du chien et permettr
à ses petits de fuir [2]), construira chaque anné

---

[1]) Le fait a été observé par FABRE; il est rapporté dans le *Nouveaux souvenirs entomologiques*.

[2]) Le fait est bien connu et nous en avons nous-même été témoin.

son nid dans un endroit dangereux sans pouvoir profiter jamais des leçons de l'expérience. Le lièvre qui déploie une telle ruse pour dépister les chiens, reviendra presque invariablement au point de départ de sa course, et ne manquera pas de parcourir un certain itinéraire permettant au chasseur de s'embusquer au bon endroit. La pensée ne lui viendra pas que le péril est bien plutôt du côté du chasseur qui le guette que du côté des chiens qui démêlent péniblement sa trace. On le verra de même suivre de préférence les chemins battus ou ne point s'écarter de certains sentiers, s'exposant ainsi davantage à essuyer des coups de feu ou à tomber dans des pièges. Voici de longues années, voire même peut-être des siècles, que les rats et les souris se laissent prendre aux mêmes pièges grossiers, sans que la triste expérience de leurs semblables leur ait jamais été de quelque profit. Cependant la vue d'une souricière devrait leur inspirer une sage méfiance. Les alouettes qui viennent voltiger au-dessus du miroir et se font tuer par centaines, malgré les coups de feu qui les avertissent du péril ; les petits oiseaux que l'on prend au filet ; les grives qui, pour saisir les baies de sorbier dont elles sont friandes, ne manquent pas de passer la tête dans le nœud coulant disposé devant l'appât, ne témoignent guère de plus d'intelligence. Cependant, ces oiseaux vivant en bandes considérables ont eu maintes fois l'occasion de s'instruire des cruelles leçons de l'expérience. On cite plus d'un trait d'intelligence de la part du corbeau. Tout chasseur a pu constater notamment l'extrême méfiance de cet oiseau que la seule vue du fusil fait fuir à une grande distance, tandis qu'il se laisse approcher par un véhicule ou même par un homme sans armes. Nous lisons au sujet de ces intéressants volatiles le récit d'un fait bien digne, en vérité, de fixer l'attention des sociologues, des moralistes, voire même des jurisconsultes. Il ne s'agit de rien moins que d'un corbeau coupable de quelque méfait, condamné à mort par ses pairs, réunis en haute cour de justice, et exécuté, séance tenante, par les assistants (nous allions dire par le peuple [1]). Cependant, qu'on nous permette à notre tour de citer un autre fait qui ne vient guère à l'appui des conclusions qui semblent pouvoir se dégager du premier. Des corbeaux ayant manifesté

[1] Voir l'article DE NADAILLAC: *Intelligence et instinct.* (*Correspondant* 10 et 25 déc., 10 janvier 1891 et 1892).

l'intention de nicher dans un clocher, on en boucha les ouvertures au moyen de treillis de fer. Les corbeaux n'en n'apportaient pas moins leurs matériaux, et, se heurtant contre l'obstacle, ils les laissaient tomber dans le vide. Ne s'apercevant pas de l'inutilité de leur travail, ils renouvelèrent un grand nombre de fois leurs allées et venues, si bien qu'à la fin du jour les brindilles de bois jonchaient le sol accumulées en monceaux considérables au pied de la tour.

Ce n'est pas tout ; les animaux dont l'industrie est la plus remarquable appartiennent précisément, si l'on excepte le castor, à un ordre inférieur à celui des mammifères : telles sont les abeilles, les araignées, les fourmis. Et ceci témoigne encore contre l'hypothèse évolutionniste. D'après cette hypothèse, en effet, l'intelligence devrait être d'autant plus développée que l'on s'élève davantage dans la hiérarchie des êtres. Mais il n'en est pas ainsi, parmi les mammifères rien ne peut se comparer aux travaux exécutés par les insectes et notamment à l'organisation sociale que l'on observe chez certains d'entre eux, comme les abeilles et les fourmis.

La distinction essentielle qui existe entre l'instinct et l'intelligence, s'accuse encore davantage si l'on considère la conduite de l'homme. Infiniment supérieur par son intelligence aux autres animaux, l'homme leur est généralement inférieur au point de vue de l'instinct. En outre, ces deux facultés se développent précisément chez lui en sens inverse. A mesure que s'éveille la réflexion, le rôle de l'instinct dans notre vie va s'effaçant de plus en plus.

Après avoir consacré de longues années à observer les mœurs des animaux et plus spécialement celles des insectes, M. Fabre résume ainsi le résultat de ses expériences : « L'instinct sait tout dans les voies invariables qui lui ont été tracées, il ignore tout en dehors de ces voies. Inspiration sublime de la science, inconséquence étonnante de la stupidité, sont à la fois son partage suivant que l'animal agit dans les conditions normales ou dans les conditions accidentelles. » L'acte instinctif apparaît donc comme le fait d'une impulsion de la nature, non comme celui du raisonnement et du calcul. Ce n'est point un raisonnement qui nous fait mettre en jeu les muscles nécessaires au maintien de la station verticale ou à la marche. Il ne nous faut point pour cela connaître les rouages de cette machine infiniment complexe qu'est notre corps, ni le mode de leur fonctionnement ; de la même manière agissent l'araignée et l'abeille. Les œuvres de l'intelligence attestent la perfectibilité, l'initiative, le génie de l'agent. Celles de l'instinct ont un caractère généralement uniforme et traditionnel, elles ne constituent pas des découvertes. Si elles se modifient parfois, c'est sous l'action d'un changement des circonstances ambiantes et d'une manière pour ainsi dire toute mécanique.

Ces modifications apportées aux procédés instinctifs sont le plus souvent légères ; elles pourraient, à vrai dire, s'expliquer par l'intelligence, mais elles s'expliquent aussi et plus simplement par la loi générale de l'adaptation de l'être au milieu, loi purement physiologique qui se manifeste non moins chez les plantes que chez les animaux et dont Spencer ne contestera certes pas la réalité, puisqu'il l'invoque à tout instant [1]).

3° On signale enfin un ensemble de faits [2]) d'un

---

[1]) Voir la note à la fin du livre.
[2]) Beaucoup de ces faits sont rapportés par M. DE NADAILLAC dans une série d'articles parus dans le *Correspondant*, 10 et 25 décembre 1891, 10 janvier 1892, sous le titre : *Intelligence*

8

caractère exceptionnel qu'un individu accomplit dans des circonstances spéciales. Nous ne sommes pas cette fois en présence de modes d'agir, traditionnels et uniformes, que la nature impose à tous les représentants d'une espèce, et cela de génération en génération. Les faits dont il s'agit attestent, semble-t-il, chez l'animal une certaine initiative, la faculté de découvrir certaines relations causales entre les phénomènes, de procéder à certaines inductions et d'agir en conséquence. Mais tout d'abord, les récits que l'on nous fait à ce sujet sont parfois si merveilleux, et concordent si peu avec ce que nous apprend d'autre part une expérience personnelle et journalière, qu'il y a

et instinct. L'auteur conclut avec raison que l'instinct n'est pas le seul facteur dont il faille tenir compte pour expliquer les actes de l'animal. Mais il ne s'arrête pas à cette conclusion ; adversaire non moins convaincu que M. de Quatrefages de la théorie de notre origine bestiale, il croit cependant pouvoir à son exemple attribuer aux animaux des facultés mentales de même essence que les nôtres. Cette opinion combattue par M. de KIRWAN dans une récente brochure: *L'animal raisonnable et l'animal tout court,* se concilie difficilement, nous semble-t-il, avec les lignes citées plus loin et extraites du même article de M. de Nadaillac. Nous ne contestons, du reste, nullement que certains faits considérés isolément paraissent justifier à première vue les conclusions de l'éminent anthropologiste.

lieu de ne les accepter qu'avec méfiance. On peut se demander en vérité si l'imagination et peut-être la préoccupation inconsciente de justifier une théorie préconçue n'y ont point une certaine part. N'oublions pas que l'observation en cette matière est rendue spécialement difficile par cette circonstance que nous sommes tentés d'attribuer à l'animal nos propres idées et sentiments. Il est rare, en effet, que chez l'homme les facultés sensibles agissent seules. Le plus souvent les mobiles intellectuels se mêlent aux mobiles sensibles. En même temps qu'un objet frappe nos sens et sollicite nos appétits, la raison et la volonté interviennent. De là vient la difficulté de se rendre compte de l'état psychique des animaux et d'éviter les exagérations lorsqu'il s'agit d'interpréter leurs faits et gestes.

Au surplus, parmi les faits en question, il en est un grand nombre qui s'expliquent suffisamment comme ceux de la première catégorie par la mémoire et les associations d'images. Bien qu'ils soient généralement chez nous le résultat de la réflexion et de la délibération, on ne peut supposer que l'animal les accomplisse par le même processus. Quelques-uns cependant paraissent déconcertants à première vue, et il n'est certes pas aisé d'en rendre compte. Toutefois, en les supposant bien observés, ils ne seraient pas moins embarrassants pour les évolutionnistes que pour nous. Car il résulterait de ces faits et de l'interprétation qu'on en donne, que l'intelligence animale serait, non pas rudimentaire, mais déjà très développée et capable de raisonnements fort complexes. Dans ces conditions, on ne comprendrait pas qu'un tel abîme séparât actuellement l'homme et l'animal. D'autre part, ces animaux exceptionnels chez lesquels apparaîtraient comme de brusques éclairs d'intelligence, devraient être doués d'une constitution mentale toute particulière dont l'hypothèse évolutionniste ne rendrait nullement compte. On se demande en vérité d'où leur viendrait tout à coup tant d'esprit. En tout cas, nos adversaires seraient mal venus d'invoquer ici l'atavisme, ce qui impliquerait que la nature a fait dériver la brute de l'être intelligent, au lieu de procéder par voie d'évolution progressive, comme ils le soutiennent d'autre part.

Quoi qu'il en soit, il ne peut être question ici d'attribuer à l'animal une intelligence de même essence que la nôtre. Une telle explication se heurterait, d'autre part, à des faits d'un caractère autrement général et d'une constatation autrement certaine que ceux dont elle voudrait rendre compte. Ces faits généraux, d'où résulte un véritable hiatus entre l'homme et l'animal, deviendraient à leur tour inexplicables, si l'animal était capable de raisonner dans certains cas comme nous. Pourquoi en effet cette intelligence, montrant une telle sagacité dans certaines circonstances, ne deviendrait-elle pas un principe de progrès et serait-elle au contraire paralysée dans la majorité des cas ?

Il est clair que certaines observations de détail ne sauraient prévaloir contre des faits d'une portée aussi considérable que celui qui a déjà été signalé plus haut : à savoir, la conquête progressive de la nature par l'homme, et cela dès les temps les plus reculés. Ce fait, dont nul ne niera l'importance, est propre à l'espèce humaine. Rien ne lui est comparable dans l'évolution des espèces animales. Si ces dernières, comme on le prétend, se sont vraiment perfectionnées au cours des âges, leur progrès ne peut nullement être attribué aux mêmes causes que celui de l'humanité.

L'homme a progressé par lui-même, grâce aux ressources de son génie. La civilisation est vraiment son œuvre. Sa nature primitive n'a du reste subi que des modifications accidentelles. Le progrès de la vie animale, au contraire, d'après la théorie même de l'évolution, aurait amené une transformation radicale des espèces et se serait accompli sous l'empire d'un ensemble de causes physiques et physiologiques. L'intelligence de l'animal n'est pour rien dans un tel progrès. Son industrie apparaît d'ailleurs soumise à certaines règles fixes et invariables ; elle ne s'écarte guère de certains procédés traditionnels imposés par l'action combinée de la nature et des circonstances ambiantes. Rien ne permet de croire que les abeilles, les araignées aient modifié leur façon de construire depuis quelques milliers d'années, tandis que l'industrie humaine est allée transformant et améliorant sans cesse son outillage et ses produits. Si nous considérons les races humaines les plus inférieures, nous leur trouvons déjà, ainsi qu'il a été dit plus haut, une certaine aptitude à progresser, du moment qu'elles sont placées dans des conditions plus favorables ou qu'elles se trouvent en contact avec des races supérieures qui entreprennent de les civiliser.

On a vu que les hommes préhistoriques progressèrent, quoique très lentement, perfectionnant peu à peu leurs outils et leurs armes. Il n'est point dans notre espèce d'individu tellement arriéré, qu'il ne puisse comprendre dans une certaine mesure les enseignements de ses semblables et profiter de leurs exemples. On peut dire en toute vérité que l'homme, à moins de conditions d'existence par trop défavorables, cherche naturellement à améliorer son sort; et certes, si l'on considère l'ensemble de son histoire, on reconnaitra que le succès a couronné ses efforts. Nous le répétons, il en est tout autrement de l'animal, régi par les lois fixes de l'instinct. Non seulement il ne progresse pas par lui-même, mais il est incapable de s'approprier les connaissances de l'homme et de les utiliser pour son propre compte. N'est-il pas remarquable que tant d'animaux supérieurs, vivant depuis de longues générations en contact permanent avec l'homme et avec la civilisation, n'aient jamais pu apprendre ou seulement comprendre notre langage ou encore imiter notre manière d'agir, et cela dans des faits très simples et dont ils sont habituellement témoins? Qu'un singe introduise une clef dans une serrure et la fasse jouer, qu'un chat agite le cordon d'une sonnette afin qu'on lui ouvre la porte du logis, on criera aussitôt au prodige. Tant il est vrai de dire que de tels faits sont exceptionnels. Cependant, il ne s'agit vraisemblablement ici que de simples faits d'imitation et non d'actes réfléchis et raisonnés. Mais pourquoi donc les singes, chez lesquels l'instinct d'imitation est si développé et dont on vante l'intelligence, n'ont-ils jamais eu l'idée de s'approprier les habitudes et les mœurs des sauvages dont ils peuplent les forêts? Pourquoi n'ont-ils jamais, à leur exemple, tenté de faire du feu, de cuire leurs aliments, de se construire des cabanes et des pirogues, de se confectionner des armes, des outils, des vêtements ou des parures? Cependant toutes ces choses ne leur seraient pas moins utiles qu'aux sauvages et la disposition de leurs organes leur permettrait de les exécuter. On nous apprend, il est vrai, que le gorille descend de son arbre pour se chauffer au feu abandonné par le nègre, que le chimpanzé se bâtit un nid qui n'est guère plus misérable que la demeure élevée par l'homme à l'enfance des sociétés. Mais on n'ajoute pas que le gorille ait jamais eu l'idée de faire du feu, ni que le chimpanzé se soit jamais préoccupé de rendre sa demeure plus confortable et d'en varier l'aspect. Il y a plus ; loin de se perfectionner au contact de l'homme, bon nombre d'animaux ont au contraire perdu leurs instincts et leurs aptitudes naturelles ; devenus des instruments purement passifs aux mains de leur maître, ils ne témoignent nullement de la conscience de leur force.

Au reste, comme nous l'avons déjà dit, un certain progrès dans la conduite de l'animal n'impliquerait pas nécessairement l'intervention d'une intelligence qui réfléchit, raisonne et découvre les lois générales des phénomènes. On a prétendu notamment que chez les oiseaux, les individus plus jeunes ne déployaient pas dans la construction de leurs nids la même habileté que les autres. Ceci s'expliquerait suffisamment pas le développement naturel des facultés, l'exercice qui facilite la répétition des mêmes actes, une certaine expérience acquise. Supposez même que quelque progrès vienne à se manifester dans la conduite de l'espèce, on ne pourrait encore tirer de là aucune conclusion au point de vue de l'intelligence de l'animal. En effet, l'hérédité pourrait transmettre et l'exercice accentuer pendant plusieurs générations les qualités ou les aptitudes de certains ancêtres exceptionnellement doués par la nature. En vertu de la théorie de la sélection, leurs descendants se trouveraient bientôt les plus nombreux parmi les représentants de l'espèce, étant mieux adaptés que les autres aux conditions du milieu et mieux armés dans la lutte pour l'existence.

Il résulterait de là un progrès général de l'espèce dû à des lois purement physiologiques. Un tel progrès, du reste, ne se constate nullement. « Les animaux, écrit M. de Nadaillac, ont vécu plus longtemps que l'homme sur la terre ; pourquoi le temps ne leur a-t-il pas apporté un progrès appréciable ? Ils accomplissent leur œuvre sans rien modifier à ce que leurs ancêtres ont fait avant eux. Partout et toujours nous trouvons chez les individus de chaque espèce même uniformité dans les actes, même fixité psychique.

» Seul, en effet, parmi les êtres innombrables qui l'entourent, l'homme est capable de s'assimiler l'œuvre de ses devanciers, de profiter des efforts qu'ils ont faits, des connaissances qu'ils ont acquises, de comprendre le passé, et par le passé de prévoir l'avenir, de progresser en un mot par la comparaison des choses. Les singes, quelque intelligence que l'on veuille leur supposer, sont restés ce qu'ils étaient dès leur première apparition sur la terre. En vain les générations ont remplacé les générations, ils ne savent qu'obéir à leurs appétits brutaux, comme leurs ancêtres le faisaient avant eux ; et tout permet de penser que, si des singes doivent succéder à des singes durant des milliers de siècles encore, ils resteront ce qu'ils sont, ce qu'ils ont toujours été... etc., etc. »

L'uniformité et la stabilité caractérisent donc la conduite de l'animal, le changement et le progrès celle de l'homme. D'où vient cette opposition de caractères ? Tout s'explique si l'on refuse à l'animal la faculté de concevoir comme nous l'universel et l'abstrait [1]).

Grâce à cette faculté, l'homme dégage de l'observation des faits la loi générale qui les régit. Cette loi une fois connue, il peut réaliser à son tour et d'une manière artificielle les conditions de ses applications. De plus, la loi étant universelle et régissant une multitude indéterminée de cas

---

[1]) Voir la théorie de l'abstraction exposée avec beaucoup de méthode et de clarté dans les cours de *Psychologie* et de *Logique* du P. CASTELEIN.

distincts, les applications qu'on en peut faire varient à l'infini. Ainsi, en même temps qu'il construit l'édifice de la science, l'homme apprend à s'assujettir de plus en plus les forces de la nature et à les utiliser dans les domaines les plus divers. De là, les progrès incessants de son industrie et la variété de ses œuvres.

L'homme ne crée pas seulement la science, l'art est aussi son œuvre et permet de le distinguer nettement de l'animal. Le spectacle de l'Univers éveille en lui le sentiment du beau. Ce sentiment est complexe, relevant à la fois de la sensibilité et de l'intelligence. L'animal subira peut-être le charme de quelque impression agréable affectant l'ouïe ou la vue, mais il ne goûtera pas la jouissance de l'artiste [1]. Celui-ci est en possession d'une idée universelle, l'idée du beau; l'objet de cette idée est un produit de l'abstraction; l'esprit l'a dégagé des formes concrètes qu'il revêtait dans la réalité, il en a écarté toutes les imperfections qui s'y

---

[1] On remarque, dit-on, que chez certaines espèces d'oiseaux les femelles ont une prédilection pour les mâles dont les couleurs sont les plus brillantes. Les transformistes ont cru pouvoir conclure de ce fait que le sentiment esthétique existe chez l'animal, tout au moins à l'état rudimentaire.

mêlaient. L'artiste est parvenu ainsi à se former un type absolu de beauté, un idéal dont les choses extérieures ne sont à ses yeux que le reflet et qu'il s'efforce à son tour de reproduire au dehors, selon les inspirations que lui suggèrent le spectacle de la nature et son propre génie [1]. L'art, de même que la science, suppose donc la faculté d'abstraire. Cette faculté explique encore la variété infinie des œuvres d'art. Pourquoi l'homme n'est-il pas astreint ici aux lois fixes et invariables que manifestent les œuvres de l'animal ? Précisément parce que, par le moyen de l'abstraction, il s'élève à la considération d'un type universel dont le monde extérieur ou son imagination lui font voir des applications multiples, réelles ou possibles. Par le fait même, il lui est donné de choisir entre ces diverses applications celles qu'il reproduira, et comme elles sont en nombre infini, le

---

[1] Dans sa *Philosophie de l'art*, TAINE fait bien ressortir le rôle de l'abstraction dans les œuvres de l'artiste. Celui-ci, nous dit-il, cherche avant tout à saisir et à reproduire le caractère dominant des choses. Or, le caractère dominant c'est le type qu'elles réalisent, c'est leur essence. Pour concevoir ce type ou cette essence dégagée des déterminations individuelles qu'elle affecte dans la réalité, il faut être en possession de la faculté d'abstraire, il faut être capable de concevoir l'universel.

champ qui s'ouvre à son génie est aussi sans limites. Le choix suppose la comparaison et pour comparer plusieurs choses, il faut saisir un élément qu'elles possèdent en commun, et qui servira de terme à la comparaison. Or, saisir un élément commun à plusieurs choses, le distinguer de ces choses elles-mêmes, le dégager ainsi par la pensée de ses déterminations individuelles et s'en former un type ou un idéal, c'est précisément ce que l'on nomme *abstraire*. C'est donc parce qu'il a la faculté d'abstraire que l'artiste arrive à concevoir l'idéal, le type universel qu'il peut ensuite reproduire sous les formes les plus diverses. L'animal au contraire, privé de cette faculté, n'aura pas davantage celle de choisir. Il ne pourra, en effet, procéder à une comparaison entre les choses, l'idée du type qu'elles réalisent, et qui devrait servir de terme à la comparaison, lui faisant défaut. Dans ces conditions, l'animal soumis aux impulsions de l'instinct se bornera à reproduire invariablement une donnée sensible et concrète dont son activité ne saurait s'écarter [1]. Un exem-

---

[1] Voir à propos de l'invariabilité de l'instinct, la note B à la fin du livre.

ple rendra notre pensée plus claire. Que je veuille dessiner une figure géométrique quelconque, soit la figure d'un triangle, si je conçois le triangle en général, qui n'est pas celui-ci ou celui-là, mais peut indifféremment avoir telles ou telles dimensions, être équilatéral ou scalène, rien ne me forcera à reproduire telle figure déterminée plutôt que telle autre ; je pourrai choisir et varier à l'infini mes dessins. Au contraire, si je ne puis me former l'idée du triangle en général, mais seulement l'image d'un triangle déterminé aux formes et aux dimensions précises, je n'aurai pas le choix entre plusieurs figures, et tel sera précisément le cas pour l'araignée tissant sa toile ou l'oiseau fabriquant son nid. Privés de la faculté d'abstraire, nécessairement poussés à reproduire un type particulier et concret, ne disposant jamais que des mêmes procédés d'exécution que la nature leur impose, ils ne sauraient apporter dans leurs œuvres la variété qui caractérise les nôtres.

Résumons-nous : l'homme doit à son intelligence, capable de concevoir l'universel et l'abstrait, la faculté de perfectionner ses œuvres de génération en génération, et de varier à l'infini les manifestations de son activité. Cette faculté se manifeste notamment dans le domaine de l'industrie et dans celui de l'art. L'animal obéit à une loi précisément opposée. Il y a lieu, dès lors, d'attribuer à l'homme une nature spéciale, caractérisée par le pouvoir d'abstraire et de raisonner d'après des principes généraux. Ce pouvoir crée entre lui et l'animal, non une simple différence de degré, mais une différence d'essence. Et en effet, supposez des êtres de même essence, mais inégalement doués par la nature, on comprendra sans doute qu'ils n'agissent pas avec la même perfection. Toutefois, comme ils ne diffèrent qu'accidentellement, leur conduite respective trahira les mêmes aptitudes fondamentales et la même tendance dominante. Dès lors, si les animaux étaient doués des mêmes facultés que l'homme et soumis aux mêmes lois, serait-il possible qu'après tant de siècles, leurs œuvres ne témoignassent pas d'un certain progrès ?

Mais il est un autre fait dont nul ne niera l'importance et qui montre bien le caractère *a priori* et peu scientifique de cette doctrine qui prétend réduire les mobiles de la conduite humaine et ses lois à ceux de la conduite animale. Nous voulons parler des idées morales et religieuses et de leur influence prépondérante sur la marche générale de l'humanité [1]). L'homme possède l'idée d'une loi absolue de justice, il croit à l'existence d'un monde supérieur avec lequel il se prétend en communication [2]).

Nous ne voulons pas discuter ici le fondement de ces croyances. Ce qui est certain, c'est qu'elles

---

[1]) Si l'oiseau a le pouvoir d'abstraire, s'il procède d'après des idées générales dont la réalisation peut varier à l'infini, pourquoi ne s'écarte-il jamais dans la construction de son nid d'un type particulier propre à tous les individus de son espèce ? Assurément, ni l'habileté ni les matériaux ne lui manqueraient pour varier ses constructions et réaliser des combinaisons nouvelles au gré de sa fantaisie et de son esprit d'invention. On peut donc croire qu'il ne travaille que d'après certaines données concrètes, tandis que les notions abstraites lui font défaut.

[2]) L'universalité de ce fait a été bien mise en évidence par DE QUATREFAGES dans son livre sur l'espèce humaine. Selon lui, l'homme ne différerait pas essentiellement de l'animal par les facultés intellectuelles, mais bien par le sentiment moral et religieux. Mais l'éminent anthropologiste nous semble avoir perdu de vue que le sentiment religieux tient lui-même aux facultés intellectuelles. L'homme seul est religieux, parce que seul il est doué d'une intelligence capable de concevoir l'immatériel et l'Absolu ; de là les notions d'âme, d'immortalité, de vie future, de justice transcendante, de Dieu, qui se retrouvent sous une forme plus ou moins précise au fond de toutes les religions.

existent chez un très grand nombre et constituent un des ressorts les plus énergiques de la volonté. Spencer lui-même, nous l'avons déjà vu, classe les mobiles religieux parmi les freins moraux les plus efficaces. Mais ailleurs, perdant de vue les enseignements de l'histoire, et comme aveuglé par son hypothèse, il n'assigne d'autres mobiles aux actes humains que l'instinct de la conservation de l'individu et de l'espèce ou l'attrait de la jouissance sensible. Or ce ne fut point, semble-t-il bien, dans des préoccupations de ce genre que les saints, ces natures d'élite, qui, par leurs sentiments altruistes, paraissent se rapprocher le plus de l'idéal justement prôné par Spencer, puisèrent la règle de leur vie et l'énergie de leurs vertus. Leur dévouement au prochain s'inspirait de considérations d'un autre ordre. Ils aimaient leurs semblables, parce qu'ils voyaient en eux comme le reflet des attributs divins. Loin de se laisser rebuter par le spectacle des misères humaines, ils se penchaient vers elles pour les soulager à l'exemple du Christ. Au lieu de rechercher le bien-être de la vie présente, ils s'attachaient à mortifier leur chair. Sans doute, la tendance au bonheur subsistait dans leur âme;

mais, parce qu'ils en comprenaient la portée, l'attrait des jouissances passagères n'avait point d'empire sur eux et leurs aspirations s'orientaient vers l'infini.

La croyance au surnaturel constitue donc un mobile d'action qui n'a rien de commun avec l'instinct de conservation, et dont l'efficacité souveraine s'affirme néanmoins comme un fait universel et permanent au sein de l'humanité. Or, encore une fois, où trouver dans la conduite animale quelque chose qui se puisse comparer à un tel fait?

On peut découvrir, il est vrai, chez certaines sociétés animales un semblant d'organisation politique et économique, mais nulle part n'apparaissent les rudiments d'une société religieuse ou les indices d'une croyance au surnaturel, quelque grossière ou confuse qu'on veuille la supposer [1].

---

[1] Les évolutionnistes ont néanmoins tenté de retrouver chez l'animal les indices d'un sentiment religieux ou tout au moins d'une croyance vague aux esprits. Leurs explications sont dérisoires et indignes de leurs auteurs. Un chien manifeste-t-il quelque crainte ou quelque colère en entendant gronder la foudre ou en voyant un objet brusquement emporté par le vent, il n'en faut pas davantage aux évolutionnistes pour en conclure que ce chien croit à l'existence des

Une dernière considération achèvera de mettre en évidence la distinction qui existe entre les lois de la conduite humaine et celles de la conduite animale.

Le progrès de l'humanité, nous a dit Spencer, réside avant tout dans le développement des sentiments altruistes. Or, l'homme que dominent de tels sentiments n'évite pas seulement de nuire à son prochain, mais témoigne encore de la compassion pour ses misères et s'empresse de les secourir. Ce n'est point parmi les heureux, mais bien parmi les déshérités de ce monde que se complaît la charité. Ils lui fournissent l'occasion de se dépenser, et c'est pourquoi elle établit sa demeure parmi eux. Ses bienfaits donnent la mesure de la vraie civilisation, du véritable progrès des sociétés humaines.

Tout autre serait, d'après les évolutionnistes eux-mêmes, la loi du progrès des espèces animales.

---

esprits et divinise la nature à l'exemple des sauvages. Un singe ayant montré une vive surprise en voyant le ressort d'une montre se détendre et exécuter des bonds désordonnés, Aug. Comte en conclut que ce singe a sans doute l'intime persuasion que quelqu'esprit malin se cache dans la machine. En vérité, faut-il que des raisons aussi puériles soient invoquees par ceux qui prétendent n'élever la voix qu'au nom de la science et de l'observation des faits ?

On sait le rôle important que plusieurs d'entre eux attribuent en cette matière à la sélection naturelle. L'élimination des faibles au profit des forts déterminerait peu à peu l'amélioration de l'espèce. Mais à quelles monstrueuses conséquences n'arriverait-on pas, s'il fallait assimiler sous ce rapport les lois de la conduite humaine à celles de l'évolution animale ? Assurément, la disparition de tous les individus faibles et misérables serait plutôt favorable au perfectionnement physique de l'espèce et au bonheur de l'humanité future. La sélection artificielle, combinant son action avec la sélection naturelle, devrait donc, comme jadis à Sparte, sacrifier impitoyablement tous les êtres chétifs. Au moins faudrait-il considérer comme une aberration du sens moral, de les aider à conserver une existence vouée au malheur et sans profit pour l'humanité de l'avenir.

Résumons-nous : la comparaison entre la conduite animale et la conduite humaine, lors même que l'on se borne à considérer les races inférieures de notre espèce et les manifestations les plus merveilleuses de l'instinct, ne justifie en aucune manière l'hypothèse fondamentale de la Morale de Spencer. L'homme crée la science, l'art, la morale et la religion ; il apparaît doué d'une intelligence capable de concevoir le vrai, le beau et le bien. La science lui fait connaître les lois des forces cosmiques, elle lui apprend à les soumettre de plus en plus à son empire, elle détermine ainsi le progrès incessant de son industrie, tandis que l'industrie de l'animal est essentiellement stationnaire. L'art exprime l'idéal de beauté conçu par l'intelligence, il manifeste des sentiments et des aptitudes que ne trahit en aucune façon la conduite de l'animal. Le fait de concevoir un idéal et de chercher à le réaliser le mieux possible est propre à l'artiste humain et implique la tendance au progrès. Puisque rien de semblable n'apparaît chez la brute, c'est donc que la conception de l'idéal et par conséquent le sentiment du beau lui font défaut. Enfin, par la religion et la morale, l'homme s'élève à la notion du bien absolu qui est Dieu, et à celle d'une loi de justice transcendante. Ces idées deviennent pour lui des mobiles d'action que l'animal ignore. La science, l'art, la religion et la morale, tels sont donc les grands faits qui dominent toute l'histoire de l'humanité et contre lesquels viendra toujours se heurter l'hypothèse de notre origine bestiale.

Entre l'animal et nous ces faits créent un véritable abîme, que tous les efforts des évolutionnistes ne sont point encore parvenus à combler. Spencer a bien vu, il est vrai, que l'instinct de conservation de même que celui de jouissance existent chez l'homme non moins que chez l'animal ; mais, aveuglé par son hypothèse, il a perdu de vue l'intelligence qui supplée à l'instinct et la volonté qui refrène les appétits. Il semble avoir oublié surtout qu'il existe des jouissances d'ordre essentiellement différent : celles que procurent la découverte du vrai, la contemplation du beau, l'accomplissement du bien, et celles qui accompagnent la satisfaction des appétits.

B. — *Discussion de l'hypothèse touchant l'avenir de l'humanité.*

Nous l'avons déjà dit, l'idée que l'homme et l'animal sont de même nature et gouvernés par les mêmes lois n'est pas la seule dont s'inspire la morale dite scientifique ; elle fait encore appel à l'hypothèse d'une évolution sans commencement ni fin, constituant la loi essentielle de tout ce qui existe, et permettant de conclure au progrès indéfini de notre espèce ainsi qu'à l'avènement d'un âge d'or pour l'humanité future. Or la science justifie-t-elle ces vues optimistes ? Nous ne le pensons pas. Conçue sous la forme absolue que nous venons de dire, la théorie de l'évolution ne soulève pas seulement de graves difficultés métaphysiques, elle se heurte encore à des objections de fait très importantes. Sans doute, si l'on compare l'état actuel de notre globe à son état primitif, on ne peut nier qu'il y ait eu progrès. La vie a commencé sur la terre. Les conditions de son activité n'ont pas toujours été réalisées. Il fut un temps où les forces cosmiques ne produisaient que les combinaisons relativement simples du règne inorganique. La vie à son tour semble avoir suivi une marche progressive, s'élevant à des formes de plus en plus complexes. L'homme a paru enfin comme le couronnement de la création. Si l'on considère ensuite son histoire, on ne peut nier qu'il n'ait marché progressivement à la conquête du monde, et ne se soit élevé peu à peu d'un certain état sauvage jusqu'à la civilisation. A ce point de vue, la théorie que nous examinons ne semble pas dénuée de tout fondement. Elle contient une part de vérité qu'il importe de reconnaître.

— Resterait à savoir si la gradation qui existe entre les êtres, et l'ordre chronologique dans lequel ils ont paru, permettent de conclure à une évolution proprement dite, déterminant, à un moment donné, l'éclosion spontanée de la vie et le passage graduel des formes inférieures aux formes supérieures. Mais ce sont là des problèmes spéciaux sur lesquels la science n'a jeté jusqu'ici qu'un jour bien incertain. Une seule question arrêtera en ce moment notre attention : Le progrès que manifeste la marche générale du monde, ne pourrait-il être le résultat d'une direction extérieure imposée aux forces de la nature, en vue de réaliser les diverses phases d'un plan préconçu ? Ou bien, procédant d'un principe caché dans l'essence même de la matière et permanent comme elle, constitue-t-il la loi absolue et fatale des événements ? Dans cette dernière hypothèse, et seulement alors, il serait permis de le croire nécessairement indéfini et de partager, sans réserves, l'optimisme de Spencer touchant le sort de l'humanité future.

Or, malgré la faveur dont jouit de nos jours la théorie du progrès indéfini, nous n'hésitons pas à la repousser au nom des faits. Ce qui est essentiel à une chose, en est inséparable. L'accidentel varie, l'essentiel persiste. Si toutes les lois de l'univers se réduisent finalement à une loi de progrès impliquant le passage du simple au complexe, toutes les œuvres de la nature manifesteront cette loi primordiale [1]. Car la nature ne peut pas plus s'affranchir des règles essentielles de son activité, qu'elle ne peut se dépouiller d'elle-

---

[1] On pourrait nous objecter que la tendance naturelle d'un être peut se trouver contrariée par les circonstances ambiantes. C'est ainsi que l'homme peut déchoir, bien que la loi de sa nature soit une loi de progrès. Mais il ne faut pas perdre de vue que notre argumentation est dirigée contre le système général de Spencer qui est une sorte de dynamisme panthéistique. Toutes les forces de la nature se réduiraient, d'après ce système, à une force unique et absolue, principe inconnaissable caché sous les phénomènes. Si la nature ainsi conçue est soumise essentiellement à une loi d'évolution absolue et fatale, on ne comprend pas que cette loi n'agisse pas dans tous les cas. Il ne peut être ici question, en effet, de circonstances extérieures à la nature et qui contrarieraient son action, puisque la nature enveloppe toutes choses et qu'elle est conçue comme une entité absolue. Que des forces distinctes entrent en conflit et se paralysent mutuellement, on le comprend sans peine; mais qu'une force absolue et fatale qui ne relève d'aucune circonstance extérieure, puisque tout se ramène à elle, déroge à la loi essentielle de son activité et produise des effets précisément opposés à ceux qu'elle devrait produire suivant sa nature, c'est ce que l'on ne peut concevoir d'aucune façon.

même. Or elle ne procède pas invariablement du moins au plus, de l'imparfait au parfait. A côté de la loi de progrès et de vie, existe dans le monde une loi de décadence et de mort. Le développement des organismes n'est pas indéfini. Il s'arrête à certaines limites. A la période de croissance succède bientôt une période de décroissance qui se poursuit jusqu'à la dissolution finale. Cette loi fatale, qui assigne une fin à toutes choses, ne régit pas moins les espèces que les individus. On sait que de nombreuses espèces d'animaux et de plantes se sont éteintes au cours des temps géologiques. Les espèces actuelles qui paraissent issues d'espèces préhistoriques, trahiraient plutôt un mouvement de dégénérescence qu'un mouvement de progrès.

— Mais, demandera-t-on, ne faut-il pas tout au moins reconnaître qu'à l'origine une évolution s'est effectuée, déterminant l'apparition des diverses formes vitales, par la différenciation graduelle d'un ou de quelques types primordiaux et simples? La chose est possible, quoique nullement certaine. Toute séduisante et vraisemblable qu'elle soit, la théorie du transformisme n'en est pas moins, dans l'état présent de la science, qu'une simple hypothèse. En tout cas, la fixité actuelle des types spécifiques, qu'une véritable barrière physiologique maintient séparés depuis des temps immémoriaux, tendrait à prouver que l'évolution a cessé d'agir à un moment donné, comme si elle n'avait eu d'autre mission que de réaliser un plan arrêté d'avance. Nous ne serions donc pas ici en présence d'une loi essentielle et permanente de la vie.

D'autre part, si l'on étudie les rapports du règne inorganique et du règne organique, on constate, dans les transformations de la nature, l'accomplissement d'un cycle, bien plutôt que d'une évolution en ligne droite et indéfiniment progressive. La vie restitue incessamment au monde inanimé les éléments qu'elle lui a empruntés. Les transformations qui s'opèrent ne manquent jamais d'être ramenées à leur point de départ.

Enfin, sans méconnaître la perfectibilité qui caractérise notre espèce ni les conquêtes de la civilisation, on doit confesser que les sociétés humaines non moins que les individus sont susceptibles de décadence. Le progrès se poursuit sans doute, mais par intermittence, non d'une manière continue et absolue [1]). Il dépend de cir-

---

[1]) Voir sur cette question l'abbé DE BROGLIE, *Religion et Critique*. Livre IV : " Le progrès d'après l'évolution et d'après le christianisme „.

constances multiples, et notamment de l'usage que les individus et les peuples font de leurs facultés. Ne voyons-nous pas encore à l'heure actuelle une très grande partie du genre humain, après avoir atteint un certain degré de civilisation, demeurée stationnaire et comme figée dans le même état depuis des siècles? Ailleurs, des nations, autrefois civilisées, ont descendu rapidement les pentes de la décadence. Une portion relativement peu considérable de l'humanité, celle précisément dont le christianisme a façonné les idées et les mœurs, est demeurée jusqu'ici le centre unique de la civilisation, aussi bien morale que matérielle. Seule elle nous fournit le spectacle d'un progrès persévérant. Est-il permis d'espérer que, partie de ce foyer central, la civilisation se répandra un jour par le monde entier? Certes oui, à moins que la morale du plaisir, annihilant l'action du christianisme sur les âmes et déchaînant les appétits de la nature, ne nous ramène à l'animalité [1]).

---

[1]) Est-il nécessaire de le dire? c'est avant tout par la réforme des sentiments et des mœurs que se civilisent les hommes. Le sauvage, dont on négligera l'éducation morale, ne prendra de la civilisation que les choses qui lui paraissent propres à satisfaire ses instincts. Il en deviendra d'autant

Quoi qu'il en soit, l'existence d'une loi d'évolution ou de progrès indéfini, essentielle au monde, ne saurait être invoquée pour justifier les vues optimistes de Spencer. Lui-même reconnaît, d'ailleurs, qu'à côté du mouvement d'agrégation d'où résultent la formation et le développement des êtres, se manifeste sans cesse un mouvement de désagrégation. Il est vrai, le premier mouvement l'emporte sur le second, mais en sera-t-il toujours ainsi à l'avenir ? La science nous fournit ici une réponse péremptoire : Les conditions de la vie n'ont pas toujours été réalisées sur notre globe, elles ne le seront pas toujours ; non seulement les générations se succèdent, mais voici que l'humanité elle-même est condamnée à disparaître, entraînée par le tourbillon universel qui emporte

plus dégradé, et parfois plus dangereux. Ce n'est pas en enseignant la stratégie aux nations barbares, ni l'usage des armes perfectionnées, ni même en leur apprenant à construire des réseaux de chemin de fer ou à ouvrir des mines et des carrières, qu'on leur inculquera l'esprit de justice et de charité. Il en est du progrès matériel comme de bien d'autres choses : sa valeur dépend de l'usage qu'on en fait ; mis au service des instincts sanguinaires et sensuels, il se retourne contre la civilisation elle-même. Tel est l'enseignement de l'histoire.

toutes choses vers la dissolution finale. Ainsi apparaît le caractère illusoire des promesses de l'évolutionnisme.

II.

PRINCIPES DÉDUITS DE L'HYPOTHÈSE ÉVOLUTIONNISTE.

Nous nous proposons de discuter ici en détail les idées qui ont été exposées plus haut touchant la définition de la conduite, son évolution, les manières de la juger, enfin ses différents aspects : physique, biologique, psychique et sociologique.

A. — *Définition de la conduite.*

On n'a point oublié comment Spencer a défini l'objet de la science morale : elle étudie la conduite, c'est-à-dire l'ensemble des actes extérieurs accomplis par l'animal ou par l'homme, et qui tendent, directement ou indirectement, à conserver et à augmenter la vie. Or le penseur anglais s'est écarté ici, et d'une façon arbitraire, des idées communément reçues. Le langage de tous les peuples établit, en effet, une distinction très nette entre les actes qui sont accompagnés du sentiment intime de la liberté et de la responsabilité, et ceux qui ne le sont pas. Aux premiers seuls est réservée l'appellation de « conduite morale ».

Les faits et gestes d'un somnambule ou d'un fou, les mouvements spontanés et irréfléchis de la passion ou de l'instinct, les actes accomplis sous l'empire d'une ignorance absolue et invincible, ne sont pas attribués à leur auteur comme à un agent moral. On internera un fou furieux afin de le mettre dans l'impossibilité de nuire, non par mesure d'expiation.

Quelqu'un s'abandonne-t-il à certains excès, on le blâmera tout d'abord ; mais si l'on découvre ensuite qu'il a cédé à des influences irrésistibles, on se contentera de le plaindre. On ne parlera de conduite morale que s'il s'agit d'actes dépendants d'une volonté libre, ou réputée telle. Pas plus que la pierre qui obéit à la loi de la gravitation, l'organisme n'accomplit un *devoir* en remplissant convenablement toutes ses fonctions.

Une digestion bien faite me donnera tout autre chose que le sentiment du devoir accompli ; et certes, il est difficile de confondre le remords avec le malaise que détermine en nous un trouble physiologique quelconque. Dans l'appréciation de ces différents cas, on pourra, il est vrai, faire intervenir les idées de bien et de mal, mais non celle de moralité.

Au contraire, les notions de liberté, de responsabilité, de devoir, ne paraissent pas moins nécessaires à nos intuitions morales, que les notions de temps et d'espace aux jugements que nous portons sur le monde extérieur. Assurément, celui qui compromet sa santé, en n'observant pas les lois élémentaires de l'hygiène, fait mal. Toutefois, s'il agit ainsi par une ignorance invincible, ou parce que les circonstances l'y contraignent, il méritera la pitié, non le blâme. Deux hommes se donnent la mort en prenant un poison violent ; l'un agit intentionnellement, l'autre est victime d'une funeste méprise. De part et d'autre, les actes extérieurs sont identiques et également contraires à la loi de conservation. Cependant, si on les envisage au point de vue moral, quel abîme profond les sépare ! La responsabilité existe d'un côté, elle fait défaut de l'autre. Seuls donc les actes réputés libres éveillent en nous l'idée de moralité.

Spencer n'a point tenu compte de ce fait. En

réduisant l'action de la loi morale aux impulsions irrésistibles de l'instinct, il a rompu avec toutes les idées traditionnelles. Pour satisfaire aux exigences de l'hypothèse évolutionniste, il lui a fallu donner aux mots un sens qu'ils n'ont jamais eu, et construire son système de morale en dehors de l'idée même de moralité. Tel celui qui en mécanique écarterait systématiquement toute idée de pesanteur et de résistance, ou en géométrie toute idée de figure !

Cependant Spencer lui-même ne semble-t-il pas reconnaître ailleurs l'autorité du sens commun en cette matière, lorsqu'il cherche, dans les applications les plus usuelles des idées de bien et de mal, la confirmation des principes qu'il a dégagés tout d'abord du système de l'évolution ?

C'est encore une erreur, croyons-nous, de n'envisager en morale que le côté tout extérieur ou physique de nos actes. Ce point de vue est évidemment accessoire. La loi morale concerne nos désirs et nos pensées, non moins que leurs manifestations externes ; elle régit l'acte dès son principe, tel qu'il s'élabore dans le for intérieur de la conscience. Le point de vue moral est essentiellement interne, et il sera toujours vrai de dire que l'intention fait l'acte.

B. — *L'évolution de la conduite.*

Spencer développe sous ce titre une vérité incontestable et qui occupe du reste une place importante dans son système : à mesure que l'on s'élève dans le règne animal, les fonctions et la conduite apparaissent plus compliquées et les actes extérieurs généralement mieux adaptés à leurs fins.

L'auteur a tout simplement démontré ici par les faits cette vérité de raison : qu'un agent est d'autant plus parfait, que son activité atteste plus d'énergie et des facultés plus nombreuses, et aussi qu'il poursuit plus efficacement ses destinées. La perfection de l'agent se mesure à l'étendue de sa puissance, la perfection du moyen à son degré d'efficacité.

Toutefois, Spencer ne cherche pas à le dissimuler, une objection se présente ici contre la doctrine de l'évolution. Selon cette doctrine, on l'a vu, la conduite suivrait un progrès parallèle à celui des structures et des fonctions. D'autre part, elle serait d'autant plus parfaite qu'elle manifesterait une énergie vitale plus complexe, et contribuerait plus efficacement à conserver l'individu et l'espèce. D'après cela, les organismes les plus élevés devraient, par le seul fait de leurs fonctions physiologiques et de leur conduite, vivre plus longtemps que les organismes inférieurs, propager et perpétuer davantage leur espèce. Or il n'en est pas toujours ainsi. A certains degrés inférieurs de la vie, une conduite absolument rudimentaire et une organisation très simple correspondent à des fonctions d'une efficacité souveraine, au point de vue de la durée de l'existence et de la propagation de l'espèce. Tels organismes inférieurs prolongent leur existence bien au delà des limites d'une vie humaine.

Afin de concilier ces faits avec la doctrine de l'évolution, qui suppose pour la conduite un progrès parallèle à celui des structures et des fonctions, Spencer fait observer que la vie peut être augmentée, non seulement en durée, mais encore en quantité, c'est-à-dire dans le sens d'un déploiement d'activités plus complexes et plus énergiques. Or, ajoute-t-il, si l'on veut apprécier l'efficacité de la conduite, on doit envisager l'augmentation de la vie, aussi bien au point de vue de la quantité d'énergie vitale manifestée qu'au point de vue de la durée de l'existence.

De plus, il faut que la comparaison s'établisse entre des espèces vivant dans des milieux analogues. Tel animal en effet, perpétuellement aux prises avec des ennemis de toute nature, vivra peut-être moins longtemps que tel autre, dont la conduite sera par elle-même moins efficace, mais qui mènera une existence paisible, à l'abri du danger.

On remarquera en passant que cette dernière observation s'accorde mal avec l'idée générale du système : l'évolution de la conduite doit avoir précisément pour résultat, selon Spencer, de produire une adaptation de plus en plus parfaite de l'organisme à son milieu. Grâce à cette adaptation, l'individu rencontrera de la part du milieu moins d'obstacles à la conservation de son existence et les surmontera plus facilement. Lors donc qu'une espèce est généralement exposée à plus de dangers qu'une autre, c'est déjà un signe qu'elle est moins bien adaptée à son milieu. Par le fait même, ses fonctions et sa conduite devront être jugées moins efficaces.

Quant à la première considération, à savoir que la vie peut être augmentée en intensité non moins qu'en durée, et qu'il faut tenir compte également de chacun de ces points de vue pour apprécier la valeur d'une conduite, elle nous paraît incontestable.

Nous reconnaîtrons volontiers, avec Spencer, qu'une huître, par exemple, possède un mode de conduite bien moins développé sous un certain rapport qu'une sèche ou qu'un insecte, bien que, protégée par son écaille contre les agents nuisibles du dehors, elle puisse vivre plus longtemps. Malgré cela, l'objection formulée tantôt conserve toute sa force. Car, d'après notre auteur, la conduite la plus parfaite devrait assurer à l'individu une vie non seulement plus active, mais encore plus durable [1]). Or, si l'évolution tend à

---

[1]) Ceci résulte clairement des paroles mêmes de Spencer: " La durée de la vie s'accroît *parallèlement* à cette plus grande élaboration de la vie produite par la poursuite de fins plus nombreuses „.; et plus loin: " Pour estimer la vie, nous en multiplierons la longueur par la largeur, et nous dirons que l'augmentation vitale qui accompagne l'évolution de la conduite résulte de l'*accroissement de ces deux facteurs*. Les adaptations plus multiples et plus variées de moyens à fins, par lesquelles les créatures plus développées satisfont des besoins plus nombreux, ajoutent toutes quelque chose aux activités exercées dans le même temps, et contribuent chacune à *rendre plus longue* la période pendant laquelle se continuent ces activités simultanées. Toute évolution ultérieure de la conduite augmente l'agrégat des actions, en même temps qu'elle contribue à l'étendre dans la durée. „

prolonger la vie de l'individu non moins qu'à multiplier les manifestations de son activité, il semble bien que la vie la plus active et la plus complexe devrait être aussi la plus longue. Mais, encore une fois, les faits ne viennent point à l'appui de cette conclusion. On ne voit pas que la longévité d'un animal ou d'un homme soit en raison directe de la complexité de sa conduite. Il est aisé de s'en rendre compte, non seulement en comparant des êtres d'espèces différentes et placés dans des milieux distincts, mais encore en mettant en présence deux individus de même espèce et exposés à des influences analogues. Voici deux hommes, de même race, de même condition, vivant sous un même climat et au sein d'une même civilisation. L'un déploie une plus grande activité que l'autre. Il pourra se faire néanmoins qu'il atteigne un âge moins avancé, et, précisément parce qu'il aura dépensé une énergie excessive, se voie condamné à une vieillesse précoce.

L'objection est la même si l'on envisage la question au point de vue de la conservation de l'espèce. En effet, les animalcules, dont Spencer nous décrit les mouvements incohérents, bien qu'ils n'aient qu'une vie éphémère et soient à la merci des influences du milieu, assurent néanmoins la propagation et la perpétuité de leur espèce par une prodigieuse fécondité. Ce fait est en opposition formelle avec la loi de Spencer, en vertu de laquelle il y aurait un parallélisme constant entre la perfection de la conduite et celle des fonctions. Les fonctions de reproduction sont évidemment plus efficaces chez les animalcules, dont il vient d'être question, que chez les organismes supérieurs; par contre, ceux-ci veillent avec plus de soin que les premiers à la conservation de leur progéniture [1]). Il semble que la nature n'ait point procédé ici par voie d'évolution progressive, mais bien plutôt par voie de compensation. On sait, d'autre part, que des espèces supérieures ont disparu depuis de longs siècles, tandis que d'autres, plus anciennes et d'un type rudimentaire, ont persisté jusqu'à nos jours, traversant la durée des temps géologiques sans rien perdre de leurs caractères primitifs [2]). Et ceci n'est pas un fait

---

[1]) " Un bacille dans un milieu favorable donnera naissance en 24 heures à 16 millions de bacilles semblables, et en 48 heures il y en aura 500.000 milliards. „ RICHET (*Revue des Deux-Mondes*, 1891).

[2]) " Les enveloppes chitineuses des insectes, écrit de Nadaillac, se conservent indéfiniment dans des milieux rési-

exceptionnel. Contrairement aux théories courantes, il semble que dans la lutte pour l'existence, la victoire soit restée généralement aux faibles. Comme le remarque un illustre savant, partisan du reste d'un certain transformisme [1]), ce sont précisément les animaux les mieux doués, les plus perfectionnés, qui disparaissent les premiers.

Toutefois, appliquée à la marche générale de l'humanité à travers les siècles, la théorie de Spencer est loin d'être dénuée de tout fondement. Il semble bien que la civilisation tende dans une certaine mesure à réaliser des conditions plus favorables à la conservation et au développement

---

neux. On rencontre dans ces milieux des fourmis tertiaires semblables aux fourmis actuelles... Il y a eu dans les mers secondaires des crinoïdes, des étoiles de mer, du même genre que les animaux de nos océans. Les spongiaires fossiles se rattachent aux spongiaires actuels. Les tortues se sont maintenues avec de très légères modifications... Le Niagara coulait à pleins bords, il y a 36.000 ans, à travers un vaste plateau, pour se jeter dans le lac Ontario. Il a déposé sur les rives de son ancien lit de nombreuses coquilles. Toutes sont identiques à celles vivant encore aujourd'hui dans l'Amérique du Nord. „ Voir Nadaillac, *L'homme et le singe*. Cependant les représentants des plus grandes espèces animales disparaissent dès les premiers temps du quaternaire.

[1]) Gaudry cité par de Nadaillac.

de la vie ¹). — Encore faut-il ajouter un correctif à cette loi. Nous dirons plus loin que le progrès matériel ne donne pas la mesure du progrès moral; il ne permet pas davantage de mesurer toujours avec exactitude la vigueur physique d'une race. Un certain degré de bien-être matériel est sans doute indispensable au développement des peuples, mais une civilisation trop raffinée précipite leur décadence. Sous son action dissolvante, les tempéraments s'énervent aussi bien que les volontés, et la corruption des mœurs devient bientôt fatale à la propagation même de la race ²). L'histoire contemporaine, comme celle de l'Antiquité, fournissent à cet égard de tristes exemples. L'énergie physique, non moins que l'énergie morale, se fortifie dans la lutte.

La civilisation, il est vrai, a multiplié les com-

---

¹) L'accroissement prodigieux de la population en Europe au cours de ces derniers siècles est évidemment une conséquence du développement industriel et agricole.

²) " Une dot considérable, écrit RICHET, prime tous les avantages personnels. Il s'ensuit que dans nos civilisations occidentales l'espèce humaine, au lieu de s'améliorer, tendrait plutôt vers une sorte de dégénérescence. A force d'intelligence nous tombons au-dessous des animaux qui, grâce à la sélection sexuelle, vont se perfectionnant de jour en jour. „ *Revue des Deux-Mondes.*

modités de la vie, elle a trouvé le remède à bien des maux. Mais a-t-elle créé une humanité plus saine et capable de plus grands efforts? On fera bien, à ce point de vue, de comparer ces races vigoureuses, habituées à de durs labeurs, exposées aux intempéries des saisons, et qu'une sélection naturelle a fortifiées de génération en génération, avec les tempéraments affaiblis qui se rencontrent dans certains milieux de jouisseurs ou parmi nos populations industrielles, assujetties aux conditions d'un travail insalubre [1]).

L'évolution, nous dit encore Spencer, n'a pas

---

[1]) C'est un fait remarquable et qui n'est guère à notre honneur, que seul parmi tous les animaux, l'homme puisse déchoir au point de détourner intentionnellement ses instincts sexuels de leur but, pour les subordonner d'une manière exclusive à la recherche d'une jouissance brutale. Il arrivera à l'animal, inconscient de la raison d'être de ses actes, de ne point exercer ses fonctions génésiques dans les conditions requises. Mais l'animal ne cherchera pas positivement à contrarier l'œuvre de la nature. C'est là le triste privilège de l'être intelligent. Il n'est donc pas vrai que plus l'être est élevé en organisation, mieux il se conforme à la loi générale de la conservation. Le vice auquel nous faisons allusion, ne peut pas même être considéré par les évolutionnistes comme un trait d'atavisme, indiquant un retour accidentel à l'animalité. Il est le propre de l'homme, et spécialement, de l'homme qui a vécu au sein d'une civilisation trop raffinée.

seulement pour effet de prolonger la vie et d'en multiplier les manifestations, mais aussi, et surtout, de la rendre plus agréable. La jouissance constituerait, selon lui, le but suprême de la vie. D'après cela, un organisme serait d'autant plus parfait que sa sensibilité, plus développée, le rendrait capable de plus de jouissances. Par contre on devrait l'estimer d'autant moins parfait qu'il serait plus exposé à souffrir. Il faudrait donc que par l'effet de l'évolution, la capacité de jouir se développât en raison inverse de la capacité de souffrir, et l'être le plus élevé en organisation devrait aussi, mieux que tout autre, pouvoir donner pleine satisfaction à ses désirs. Or il arrive précisément le contraire : l'être offrira d'autant plus de prise à la souffrance, qu'il sera plus apte à jouir. L'homme souffrira davantage que l'animal, et, parmi les hommes, ceux qui connaissent les jouissances les plus élevées et les plus délicates, sentiront aussi plus vivement la souffrance.

Incapable de s'élever à la conception d'un idéal absolu, l'animal limitera ses désirs aux biens présents; par le fait même, ses appétits pourront trouver, du moins pour un temps, une satisfaction complète. Au contraire, à mesure que se perfectionne l'humanité, ses exigences se multiplient, et l'impuissance des biens terrestres à les satisfaire devient plus manifeste. L'homme grossier plongera rarement le regard au delà des horizons terrestres, mais le besoin d'un idéal vainement poursuivi fera le noble tourment des natures d'élite. Il n'en devrait pas être ainsi d'après l'hypothèse de l'évolution. Celle-ci ayant pour effet de rendre l'être de plus en plus heureux, l'homme devrait pouvoir, plus facilement que l'animal, trouver ici-bas un milieu qui répondît adéquatement au besoin foncier de sa nature.

C. — *La bonne et la mauvaise conduite.*

Spencer, on s'en souvient, croit découvrir dans nos jugements moraux la confirmation des règles qui lui ont servi à déterminer la valeur respective des différents genres de conduite. Une conduite développée, selon la loi de l'évolution, nous dit-il, est précisément celle que les hommes appellent bonne. Analysant l'idée de bonté, il montre bien qu'une chose est bonne ou parfaite, lorsqu'elle est telle qu'elle doit être, c'est-à-dire lorsqu'elle possède les qualités requises pour l'usage auquel on la destine, et, en dernière analyse, lorsqu'elle peut nous procurer certaines jouissances. Toutefois, l'auteur semble n'avoir en vue ici que l'utile et l'agréable. Or l'idée du bien en général est d'une application plus étendue. Tel acte, utile sous certains rapports, et d'où résultent pour nous certaines jouissances, méritera néanmoins le blâme parce qu'il est en opposition avec l'ordre de la nature. Le vice est souvent agréable ; au contraire, l'exercice de la vertu exige fréquemment des luttes pénibles et des sacrifices sans compensations suffisantes ici-bas. L'honnête est ce qui est conforme à notre nature raisonnable, et, en dernière analyse, à notre fin suprême. Quoiqu'il n'exclue pas l'agréable, il en est cependant distinct ; à moins toutefois qu'on ne fasse consister, avec Spencer, les destinées suprêmes de l'homme à jouir le plus possible ici-bas. Dans ce cas, toute jouissance en tant que jouissance sera honnête, la vertu se confondra avec la recherche du plaisir. Il est vrai, Spencer reconnaîtra plus loin que dans l'état actuel de l'humanité, et aussi longtemps que l'évolution n'a point achevé son œuvre, tout ce qui est agréable ne peut faire l'objet de nos convoitises ; mais sa morale nous apparaîtra impuissante à sanctionner une telle prohibition et à en préciser la portée.

Après avoir analysé les applications les plus usuelles des idées de bonté et de malice, Spencer arrive à cette conclusion : que la distinction entre le bien et le mal n'est point arbitraire, mais repose sur la conformité ou l'opposition naturelle de nos actes avec notre bonheur. Il observe justement que si la vie constituait un mal en soi, on ne pourrait louer une conduite qui la conserve et la développe. Dire qu'un acte est bon, c'est donc reconnaître qu'il est conforme à la tendance essentielle de notre être, et doit en conséquence nous conduire tôt au tard au bonheur. Sous cette forme générale, une telle proposition ne s'accorde pas moins avec les principes de la Morale spiritualiste qu'avec ceux de l'Évolutionnisme. L'homme tend vers le bonheur, et cette tendance est éminemment légitime, elle est la loi de notre activité. Ce n'est pas à dire, il est vrai, que nous nous proposions toujours explicitement un but intéressé ; mais la recherche du bonheur, et par conséquent d'un état de conscience agréable, constitue invariablement le mobile, tantôt conscient, tantôt inconscient, de nos actes. On ne peut douter, par exemple, que celui qui s'attache à soulager les misères du prochain trouve dans une telle conduite la satisfaction d'un besoin du cœur, et par le fait même un certain plaisir. Il nous répugne de voir souffrir les autres, et c'est pourquoi nous ne sommes pas inaccessibles à la pitié. L'indifférence exclurait la charité. De même, tout homme bien né goûtera une joie secrète à s'acquitter d'une dette de reconnaissance, bien qu'en ceci il ne poursuive explicitement que le bien d'autrui. Les efforts de la vertu, les dévouements et les sacrifices que s'impose la charité, sont la source de joies intimes, dont l'attrait forme le stimulant, souvent inconscient, mais néanmoins indispensable, de l'activité volontaire. En ce sens, il est vrai de dire que la recherche du plaisir ou d'un état de conscience agréable tient à l'essence même du cœur humain.

Mais nous ne pouvons adopter les idées de Spencer, lorsqu'il assigne comme fin à notre activité, le bien-être de la vie présente, et, en dernière analyse, celui de l'humanité future. Cette doctrine, en effet, méconnaît la vraie portée de nos désirs et ne contient aucune règle de conduite précise.

Et tout d'abord, la Morale évolutionniste ne mesure pas l'exacte portée de nos aspirations. C'est un fait que nous expérimentons par nous-mêmes et qu'atteste, hélas, l'histoire tout entière de l'humanité, que chacun rêve incessamment d'un bonheur absolu dont les conditions sont irréalisables ici-bas. L'idéal que nous désirons ne réside pas dans les jouissances éphémères et limitées de cette vie. Les plaisirs sensibles ne laissent le plus souvent après eux que la déception, et, par leur intensité même, deviennent fréquemment une source de maux. Les plaisirs de l'esprit sont à la portée d'un petit nombre d'hommes seulement ; pour se les procurer, il faut s'astreindre aux efforts pénibles de la réflexion ; encore ne peut-on s'empêcher de confesser que le mystère est au fond de toutes choses, et que le besoin de l'esprit demeure nécessairement inassouvi. Par delà les rivages que la science humaine explore, s'étend comme un océan infini le domaine de l'inconnaissable.

Quant aux affections les plus intimes du cœur, ne participent-elles pas de la fragilité des existences qu'elles unissent? Le plus heureux mortel ne doit-il pas se dire en toute vérité qu'un rien suffit pour anéantir son bonheur? Encore ne considérons-nous que la fragilité des plaisirs de cette vie. Que dire de la suite lamentable des souffrances et des misères qui se perpétuent à travers l'histoire, en même temps que les générations humaines? Si l'on considère ces faits, il devient évident que les conditions de la vie présente ne répondent pas aux exigences de notre être. L'homme se sent fait pour quelque chose de plus stable et de plus grand que les plaisirs de ce monde. Et c'est pourquoi, malgré les négations du matérialisme, cette terre lui apparaît toujours comme un lieu de passage et d'exil. Il rêve d'une patrie au delà de la tombe. Son espoir serait-il vain? Serions-nous condamnés, par je ne sais quelle fatalité trompeuse, à poursuivre incessamment une chimère? Ce besoin d'immortalité, ces aspirations vers l'au-delà, tant d'efforts généreux, tant de souffrances et de sacrifices héroïquement acceptés, et que le monde ignore, tout cela devrait-il donc aboutir au néant? Que ceux qui entretiennent en eux une telle pensée, l'ensevelissent du moins au plus profond de leur âme et qu'ils laissent intacte chez les autres la foi qui agit et console.

Mais j'entends d'ici la réponse des évolutionnistes : « Non, nos labeurs et nos peines ne seront point perdus. Ils assureront un jour le bonheur de l'humanité future. Et cette pensée doit nous réconforter ». Singulier langage, et combien peu ceux qui le tiennent connaissent le cœur de l'homme ! Comme les esclaves de l'antiquité étaient sacrifiés aux plaisirs de quelques jouisseurs, il nous faudrait donc travailler et souffrir sans profit pour nous-mêmes, mais afin que des inconnus, dans un avenir indéterminé, recueillissent les fruits de nos labeurs. Que l'on aille donc, au nom d'une telle doctrine, prêcher la résignation et la patience à la masse des déshérités de ce monde, à cette multitude avide de jouir et prête à prendre par la violence sa part de l'héritage terrestre. Mais ne sentez-vous pas que ce bonheur que vous poursuivez, n'est pas seulement celui de l'humanité future, mais encore et surtout le vôtre ? Et comment, dès lors, accepter les prescriptions d'une Morale qui sacrifie impitoyablement les droits de votre personnalité aux destinées d'autrui ?

Du reste, pour que les hommes de l'avenir fussent pleinement heureux, l'immortalité devrait devenir leur partage. Or, quels que soient les prodiges que Spencer attend de l'évolution, il ne nous dit nulle part qu'elle dispensera un jour nos descendants de payer leur tribut à la mort. La perspective formidable de celle-ci troublera donc toujours la félicité humaine, aussi complète d'ailleurs qu'on veuille la supposer.

La Morale évolutionniste ne méconnaît pas seulement la tendance foncière de notre être en la détournant d'un idéal absolu ; elle se montre encore impuissante à préciser la règle de notre conduite. Dire à l'homme que la jouissance est le seul but de la vie, qu'il doit en conséquence chercher à jouir le plus possible, c'est lui laisser la faculté de choisir entre la variété infinie des plaisirs qui le sollicitent, et l'affranchir de toute loi. Ne voit-on pas que la morale du plaisir doit nécessairement aboutir en pratique à la licence, c'est-à-dire à la négation de toute morale ; et cela, malgré les efforts tentés par ses adeptes pour éviter une telle conséquence ? Car si j'ai le droit absolu de jouir, et si tel est le seul but de mon existence, j'aurai par le fait même le droit d'apprécier les divers genres de plaisirs, d'après leur degré d'intensité. Et en effet, selon la doctrine que nous critiquons, toute jouissance comme telle devrait être tenue pour légitime. Or, l'intensité de la jouissance est un fait purement subjectif, variant d'après le tempérament et les goûts de chacun. Seul, je puis juger si tel plaisir vaut plus, à mon point de vue, que tel autre, si les satisfactions que me procure la vertu, compensent les sacrifices qu'elle m'impose. Je suis seul compétent en cette matière, et il n'appartient à personne de m'imposer sa manière de voir.

Libre à moi, par conséquent, de préférer des jouissances, dont l'excessive intensité abrégera mes jours, à une vie plus longue, mais que je n'obtiendrai qu'aux prix de luttes pénibles contre moi-même. Libre à moi encore, de me complaire dans une sensualité dégradante, au lieu de rechercher les plaisirs plus nobles de l'esprit ou des affections légitimes. Libre à moi enfin, de préférer un plaisir personnel au bonheur des autres. Pourquoi blâmer le débauché, si l'intensité des passions lui rend la vie insupportable, et qu'il préfère l'abréger par des excès nuisibles plutôt que de refréner ses instincts ? Fait-il autre chose que de rechercher la jouissance, là où il la peut trouver ? Direz-vous qu'il se trompe et qu'une vie déréglée lui apportera finalement plus de misères que de plaisirs ? Mais qui vous autorise à parler ainsi ? Êtes-vous dans les mêmes conditions subjectives que lui ? Et s'il juge que les plaisirs de la passion, même avec les misères qu'ils entraînent à leur suite, sont préférables à son point de vue aux efforts pénibles de la vertu, qui pourra lui interdire de penser ainsi et de conformer sa conduite à un tel jugement ? De même l'avare, qui refuse de secourir l'indigence, trouve une plus grande satisfaction à conserver son bien qu'à le donner. Lui aussi, ne fait que se conformer à la grande loi de la Morale évolutionniste : la recherche du plaisir.

Spencer reconnaît du reste l'impossibilité de dresser une échelle des plaisirs, et de les apprécier d'après une commune mesure, comme le voulait Bentham. Aussi espère-t-il trouver ailleurs les règles qui doivent nous guider dans le choix des plaisirs. Ces règles, il croit pouvoir les dégager du fait de l'évolution. Celle-ci, enseigne-t-il, nous pousse à prolonger le plus possible notre vie, à subordonner les plaisirs prochains aux plaisirs éloignés, à utiliser nos forces et à nous imposer des sacrifices en vue de réaliser les conditions de cet état parfait auquel est appelée l'humanité de l'avenir. Telle est, selon Spencer, la règle qui doit dominer notre conduite. Mais ne voit-on pas qu'il renonce ainsi à son principe fondamental : à savoir que la jouissance étant le but essentiel de toute vie, celle-ci ne vaut que par l'agrément qu'elle nous procure ? Le plaisir, dites-vous, ne m'est permis que s'il favorise l'exercice de mes fonctions physiologiques, et se subordonne, en dernière analyse, aux conditions du progrès social ; mais alors, le plaisir n'est plus la règle suprême de ma conduite, il est soumis lui-même à une loi supérieure, déterminée par mes besoins physiologiques et les exigences de la société. Répondrez-vous qu'en faisant du plaisir et de la jouissance le but suprême de ma vie, Spencer avait en vue, non mon bien propre, mais celui de l'humanité future ? Je protesterai contre une morale qui ne compte pour rien mes aspirations vers une fin personnelle.

Ainsi, l'auteur ne semble pouvoir échapper aux conséquences fâcheuses de son principe que par la contradiction, et l'on voit comment la morale du plaisir engendre la licence des mœurs.

Mais une objection se présente ici à l'esprit.

La morale religieuse est-elle autre chose qu'une forme de la morale du plaisir, avec cette différence que ses promesses concernent le bien-être de la vie future? Dès lors, n'encourt-elle pas les mêmes reproches que la doctrine de Spencer?

Il est aisé de répondre : la morale religieuse place nos destinées dans la possession d'un bien absolu; celle de Spencer, au contraire, ne nous propose que la recherche de biens finis. Or, s'il est impossible de déterminer la valeur respective des différents plaisirs de cette vie, et de soumettre leur choix à une règle précise qui s'impose à tous les hommes avec une égale autorité, — appelé à se prononcer entre les jouissances terrestres et un bonheur absolu impliquant la satisfaction adéquate de tous nos désirs, celui qui obéit au jugement de la saine raison ne peut balancer un instant. Nous l'avons déjà dit, la question de savoir si tel bien fini doit l'emporter sur tel autre, recevra des solutions différentes selon les goûts et le caractère de chacun; il n'existe en cette matière aucune règle absolue. Du moment que l'on reconnaît à l'homme le droit absolu de jouir le plus possible, on pourra bien dire que les plaisirs de l'esprit l'emportent en dignité sur ceux des sens, mais non qu'ils doivent leur être préférés. Car les biens inférieurs peuvent procurer à un grand nombre d'hommes des jouissances plus faciles et plus vives que les biens supérieurs. En fait, l'expérience prouve qu'il en est ainsi. Au contraire, toute raison droite devra juger qu'un bien absolu est en tout point préférable à un bien relatif. Ainsi la morale religieuse puise dans la considération de la vie future un criterium certain de la moralité de nos actes.

Ils comprennent du reste fort mal l'esprit du christianisme, ceux qui lui reprochent de faire appel à des mobiles exclusivement égoïstes, pour stimuler les efforts de la vertu. Si la crainte de la Divinité constitue le caractère dominant de la morale religieuse chez les peuples païens, il n'en est pas de même de la morale chrétienne. L'idée de la rétribution future joue sans doute un rôle considérable dans la doctrine de l'Évangile, elle ne la constitue pourtant pas entièrement. Et tout d'abord, le bien absolu, dont la possession sera le partage des justes, n'est pas seulement représenté par la théologie chrétienne comme une source de jouissances ineffables et d'un ordre transcendant, mais encore comme le principe même de notre perfection. L'homme qui atteint ses destinées surnaturelles ne se borne pas à réaliser sa complète félicité. Par le fait que son intelligence et son cœur entrent en communication avec la source de toute vérité et de tout amour, il est constitué dans un état de perfection impliquant le développement de tout ce qu'il y a de plus élevé et de plus noble en lui. On peut dire qu'il réalise alors le type idéal de la créature raisonnable, ou mieux encore, que sa nature reçoit bien au delà de ce qu'elle était en droit d'attendre.

Il ne s'agit donc pas ici de la recherche exclusive de la jouissance ou du bien agréable. Notre bien suprême est tout à la fois, et d'une manière excellente, l'honnête et l'agréable.

Il y a plus. La morale chrétienne reconnaît sans doute la personnalité humaine, elle proclame légitime la tendance au bonheur et à la perfection qui fait le fond de notre être, mais telle n'est pas toute la portée de son enseignement. Il apparaît comme imprégné de l'idée d'une personnalité supérieure, infiniment digne de nos hommages et de notre reconnaissance. L'homme a le droit de chercher sa félicité et sa perfection; toutefois cette fin personnelle doit se subordonner, dans l'ordre de nos intentions, à une fin supérieure : la glorification de Dieu. Au-dessus de l'amour de soi et de l'amour du prochain, la morale chrétienne place l'amour de Dieu, c'est-à-dire du vrai, du beau, du bien absolus, l'amour de l'idéal recherché pour lui-même, à raison de sa perfection intrinsèque; non pas d'un idéal abstrait, vaine création de l'esprit, mais d'un idéal vivant, essentiellement réel, puisqu'il est la source même de l'être. Faire le bien parce que telle est la volonté de Dieu et qu'il est souverainement raisonnable de se soumettre aux prescriptions d'une sagesse infinie, aimer Dieu non seulement parce qu'il est notre bien, mais encore parce qu'il est le bien en soi ou absolu, telle est la véritable loi de la perfection chrétienne. On le voit, nous sommes bien loin des doctrines de l'Utilitarisme.

La morale du plaisir ne fait appel, pour sanctionner ses prescriptions, qu'au mobile de la jouissance. D'autre part, la morale rationaliste ordonne à l'homme la recherche exclusive du bien honnête, mais du bien honnête envisagé à un point de vue purement subjectif, en tant que perfection de notre être. Or, si l'on veut y prendre garde, on se persuade sans peine que la seconde n'est pas moins égoïste que la première. L'une plonge ses racines dans la sensualité, l'autre dans l'orgueil.

Le stoïcien, tout comme l'épicurien, ne recherche en dernière analyse que lui-même. Tout autre est la morale du Christ. A la fois plus humaine et plus divine, elle respecte l'intégrité de notre nature, en tenant compte de toutes ses aspirations, tant vers le bonheur que vers la perfection. Elle ne nous défend pas, sans doute, de nous aimer nous-mêmes, ni de poursuivre en conséquence une fin personnelle ; mais, comme nous l'avons déjà dit, elle nous montre cette fin se subordonnant logiquement à une fin supérieure qui n'est autre que l'amour de Dieu ou du bien absolu, considéré au point de vue de sa perfection intrinsèque. Ainsi se combinent harmonieusement dans le christianisme l'égoïsme bien entendu et l'amour désintéressé de l'idéal ; ainsi se trouvent utilisées pour le bien toutes les ressources et toutes les énergies de la nature.

Mais revenons à notre sujet. En résumé, la tendance au bonheur est vraiment, comme l'enseigne Spencer, de l'essence même du cœur humain ; la distinction entre le bien et le mal est fondée sur la conformité ou l'opposition naturelle de nos actes avec notre fin suprême. Mais en plaçant cette fin dans le bien-être de la vie présente, en assimilant aux instincts de la brute notre inclination dominante, l'auteur en a singulièrement méconnu la portée et s'est mis dans l'impossibilité de nous tracer une règle de conduite précise et absolue.

D. — *Différentes manières de juger la conduite.*

Spencer condamne à juste titre ceux qui cherchent le fondement de la distinction entre le bien et le mal ailleurs que dans la nature des choses. Mais il confond deux doctrines nettement distinctes, lorsqu'il reproche à l'école théologique d'ignorer le principe de causation [1]), et de faire

---

[1]) La conception déterministe de l'Univers est représentée par Spencer comme une conquête du positivisme contemporain. Rien n'est moins vrai. Dès la plus haute antiquité les philosophes se sont partagés en deux écoles : les uns, en quête d'un système de la nature, ont admis l'idée d'une nécessité universelle régissant tous les événements; les autres, obéissant à des préoccupations morales, ont affirmé la contingence et le libre arbitre. Il n'y a rien de nouveau sous le soleil, et cela est surtout vrai des doctrines philo-

dériver la distinction entre le bien et le mal d'un décret arbitraire de la volonté divine. Cette dernière opinion est loin d'être conforme à l'enseignement traditionnel de l'école théologique. Elle est, au contraire, combattue par le plus grand nombre de ses adeptes. Ils enseignent, à la vérité, que les prescriptions de la morale reposent sur la volonté divine, mais en même temps ils lui assignent un fondement dans la nature. Or, Il n'y a là aucune

sophiques. Le monisme, le phénoménisme, le positivisme d'aujourd'hui, furent enseignés jadis dans les plus anciennes écoles philosophiques de l'Inde. D'autre part, il serait aisé de montrer que le positivisme, en affirmant la nécessité universelle et absolue, dépasse le domaine de l'expérience et déroge à ses propres principes. L'expérience ne nous montre que la succession des faits; pour affirmer la relation nécessaire de l'antécédent au conséquent et la formuler en loi générale, il est nécessaire de s'appuyer sur les principes *a priori* de la métaphysique. Rien n'est plus étrange à ce point de vue que l'attitude du positivisme contemporain, prétendant d'une part se confiner dans le monde de l'expérience où tout est relatif et contingent, proclamant d'autre part, comme une découverte de l'esprit scientifique, le règne de l'absolue nécessité. Non seulement l'idée d'une universelle nécessité n'est pas née d'aujourd'hui, mais, malgré le prestige que lui prête la science, elle n'a point encore triomphé de l'idée rivale, même en philosophie. On sait l'importance du mouvement contingentiste en France, marquant une réaction très nette contre le déterminisme et cela au nom des exigences de la morale.

contradiction. Bien au contraire, si Dieu existe, il est l'auteur de la nature, par conséquent aussi de l'ordre moral qui n'est qu'un aspect de l'ordre naturel. A moins donc d'aller à l'encontre de ses propres desseins, Dieu doit condamner les actes qui répugnent à la nature, et approuver ceux qui lui conviennent. Mais ce jugement divin ne détermine nullement la valeur intrinsèque des actes.

On ne prétend pas qu'un acte soit bon ou mauvais parce que tel est le bon plaisir de Dieu [1] ; on enseigne seulement que l'Auteur de toutes choses permet ou défend ce qui est bon ou mauvais en soi. Ainsi conçue, la morale théologique n'a rien de contraire au principe de causation. Loin de là, elle s'en inspire. Remontant à l'idée d'une cause première personnelle, elle place le fondement immédiat de la loi morale dans les relations naturelles des êtres, son fondement

---

[1] Dieu peut évidemment, dans certains cas exceptionnels, et pour des motifs fixés par sa sagesse, prescrire ou défendre expressément à l'homme certaines choses indifférentes en soi. Toutefois, il n'ordonnera jamais ce qui est mauvais par essence, ni ne défendra ce que la loi naturelle exige. De plus, ses ordres ne seront jamais arbitraires, bien qu'ils puissent nous paraître tels, dans l'ignorance où nous sommes de ses desseins impénétrables.

médiat dans la volonté suprême et ordonnatrice de Dieu, source première de ces relations.

E. — *Différents aspects de la conduite.*

1ᶜ — LE POINT DE VUE PHYSIQUE.

L'auteur observe ici avec raison que les mouvements extérieurs, par lesquels se manifeste la vie animale, sont d'autant plus compliqués, hétérogènes, déterminés quant à leur but, que l'agent est doué d'une organisation plus complexe et appartient en conséquence à un ordre plus élevé. Nous avons déjà reconnu la justesse de cette observation. Il ne faudrait pas cependant lui attribuer une valeur absolue. Il n'est pas rigoureusement exact de dire que chez tous les êtres inférieurs la plupart des actes s'accomplissent comme au hasard, sans qu'il soit possible de leur assigner aucun but. Des organismes rudimentaires se bornent à exécuter des mouvements très simples, mais dont le mobile est évidemment l'instinct de conservation. C'est ainsi que certains d'entre eux ne font autre chose que d'appréhender au passage les substances alimentaires que le hasard met à leur portée. Chez l'animal supérieur, par contre, se voient un grand nombre de mouvements variés et complexes, déterminés par un excès d'énergie ou quelque sentiment violent, et qui n'impliquent aucune adaptation d'actes à une fin. Tels les courses folles et les bonds désordonnés auxquels se livre un jeune cheval heureux de sa liberté et de sa force. Les actes sans but apparent ne sont donc pas toujours plus fréquents chez les animaux inférieurs que chez les animaux supérieurs.

2º — LE POINT DE VUE BIOLOGIQUE.

Spencer nous montre bien le rôle des sensations dans la vie de l'animal, et comment le plaisir ou la souffrance exercent une influence réelle sur l'état général des organes. Il faut admettre avec lui que l'animal n'échapperait pas à une fin prématurée, si les sens le poussaient généralement à rechercher les choses nuisibles. C'est une condition essentielle de la perpétuité des espèces que l'agréable soit dans la majorité des cas utile à la vie de l'organisme.

Toutefois, Spencer le reconnaît, l'utile et l'agréable sont loin de se confondre toujours. Une chose nuisible présentera parfois des dehors séduisants;

de même, certains plaisirs d'une excessive intensité exerceront sur les fonctions physiologiques un contre-coup non moins funeste que la souffrance. On a vu des hommes mourir de joie, comme de douleur. Nous savons par une expérience quotidienne que des choses désagréables sont souvent bienfaisantes, tel un médicament qui répugne au goût ou provoque quelque réaction douloureuse.

Nous avons vu comment Spencer rendait compte de ces faits. « Ce sont là, nous a-t-il dit, des anomalies que l'évolution fera peu à peu disparaître ; en vertu de la loi générale de progrès, le plaisir tend à se confondre de plus en plus avec ce qui est hygiénique. » Cependant l'expérience vient-elle à l'appui de cette thèse? Si elle était vraie, les anomalies en question apparaîtraient d'autant plus rares que l'organisme occuperait dans l'échelle des êtres un degré plus élevé ; on verrait, notamment, moins souvent chez l'homme que chez l'animal, ces conflits entre le plaisir d'une part, les exigences physiologiques de l'autre. En est-il ainsi? Le plaisir nous est-il plus rarement nuisible qu'aux animaux? Il est permis d'en douter. Ne semble-t-il pas au contraire que l'animal, comme averti par ses instincts, s'abstienne généralement des excès qui dégradent trop souvent notre espèce ? L'ivrognerie, la débauche, et tant de vices, non moins funestes au corps qu'à l'âme, n'ont-ils pas leur source dans l'attrait du plaisir, et ne dirait-on pas que, seul entre toutes les créatures, l'homme possède le triste privilège de renoncer à la dignité de son espèce, pour tomber d'autant plus bas que la nature l'avait placé plus haut ?

3º — LE POINT DE VUE PSYCHIQUE.

La doctrine de Spencer touchant l'évolution psychique de la conduite rencontre des objections non moins graves. On sait quels sont, d'après l'auteur, les principaux caractères de cette évolution. Nous les examinerons tour à tour.

1º *Complexité croissante des mobiles psychiques et prépondérance des mobiles idéaux sur les mobiles sensibles.*

Plus la conduite est élevée, nous a dit Spencer, plus aussi les mobiles d'action deviennent complexes et d'ordre idéal. Veut-on dire par là que le sage ne perd jamais de vue les conséquences éloignées de ses actes, et préfère aux premiers mouvements des sens les jugements réfléchis de la raison, on ne saurait certes rien avancer de plus vrai. Nous nous contenterons de faire ici au système de l'auteur une objection de détail, dont on comprendra cependant l'importance. Dans ses « Premiers Principes », Spencer divise nos états de conscience en deux classes : les impressions faibles et les impressions fortes. Celles-ci sont extériorisées, c'est-à-dire rapportées à un objet présent ; elles se caractérisent par leur netteté et leur énergie, et c'est pourquoi Spencer les désigne sous le nom d'*impressions fortes*. Les autres, dites *impressions faibles*, ne sont que la reproduction des premières ; nous ne les rapportons pas à un objet actuellement présent, elles nous apparaissent comme des images formées après coup. A cette catégorie d'états de conscience se rattachent précisément les mobiles idéaux dont il est question dans la morale de Spencer, tandis que les sensations proprement dites sont des impressions fortes. Produits en nous par le monde extérieur, les états de conscience réagissent à leur tour sur nos muscles, déterminant l'ensemble des mouvements qui forment la conduite. L'impression qui nous vient du dehors se convertit donc à certain moment en mobile d'action et met en jeu les nerfs moteurs et les muscles. Or, aux yeux du chef de l'école évolutionniste, il n'y aurait là en dernière analyse qu'un simple phénomène d'action et de réaction, réductible aux phénomènes d'ordre purement réflexe et mécanique. Mais alors ne faut-il pas, en vertu d'une loi bien connue, que la réaction corresponde à l'action la plus énergique ? Un conflit surgissant entre deux mobiles, dont l'un constituerait une impression forte, l'autre une impression faible, on ne comprendrait donc pas que le premier ne l'emportât point invariablement sur le second. Par le fait même, la prédominance des mobiles idéaux caractérisant l'évolution de la conduite, deviendrait inexplicable.

2° Que penser de cet autre caractère de l'évolution psychique : *substitution des mobiles vraiment moraux aux mobiles religieux ?*

Si l'homme, nous dit Spencer, doit faire appel aux mobiles religieux pour pratiquer le bien et éviter le mal, c'est parce que son intelligence, insuffisamment développée, ne saisit pas encore les conséquences naturelles et éloignées de ses actes. Mais on peut prévoir le moment où l'intuition précise de ces conséquences lui inspirera l'énergie qu'exige la pratique de la vertu. Alors la religion aura perdu sa raison d'être, et l'humanité, affranchie de sa tutelle, marchera d'elle-même dans le chemin de la perfection morale.

Or, sur quoi repose pareille affirmation ? Et tout d'abord, est-il bien vrai que la prévision des effets naturels de la conduite suppose une culture intellectuelle dont seraient encore dépourvus la plupart des hommes d'aujourd'hui? Faut-il être profond penseur pour découvrir que la distinction entre le bien et le mal n'est point une création arbitraire de la loi civile ou divine, mais repose sur la nature même des choses ? Il ne nous paraît pas. Tout homme, croyons-nous, peut aisément se rendre compte de ce qu'il y a d'anti-social et de condamnable dans le vol et dans l'homicide, par exemple.

L'homme le moins instruit le comprendrait sans peine. Il est permis de croire que le plus grand nombre des criminels ont conscience de la malice intrinsèque de leurs méfaits ; ce qui ne les empêche pas, du reste, de les commettre. Que de fois l'homme s'abandonne aux entraînements du vice, quoique son expérience personnelle ou celle d'autrui lui ait montré les effets funestes d'une telle conduite ! D'autre part, dans tous les temps se sont rencontrés parmi les croyants des hommes intelligents et instruits, auxquels l'idée d'une distinction réelle entre le bien et le mal n'a certes pas été étrangère. Or loin d'affaiblir en eux la croyance au justicier suprême, cette idée a contribué au contraire à la fortifier et lui a servi de fondement. Estimant tels actes bons ou mauvais en soi, ils ont naturellement appelé sur eux les récompenses ou les châtiments divins. Ces faits ne confirment guère l'opinion de l'auteur, d'après laquelle seule l'ignorance des effets naturels de la conduite engendrerait en nous le besoin des sanctions religieuses. — Contestera-t-on, du reste, que les châtiments d'outre-tombe revêtent aux yeux du croyant un caractère autrement redoutable que les maux temporels que le vice entraîne naturellement à sa suite ? Et si la pensée des rigueurs de la justice divine est si souvent impuissante à nous retenir sur la pente du mal, comment espérer que la seule considération de l'intérêt social et des conséquences naturelles de la conduite suffira un jour à faire régner la vertu en ce monde ?

Une autre observation trouve sa place ici. L'homme, nous dit-on, n'a pas encore atteint un développement intellectuel et moral suffisant, pour régler ses actes d'après leurs conséquences éloignées. La considération du présent l'emporte le plus souvent chez lui sur celle de l'avenir. Mais alors, comment expliquer qu'il obéisse à des mobiles religieux, et se préoccupe d'une vie future, au sujet de laquelle l'expérience ne lui apprend rien ? Il ne peut être question, en effet, de faire rentrer les mobiles religieux dans la catégorie des simples sensations ou impressions purement présentatives, dont Spencer nous a parlé plus haut. L'homme qui s'inspire des vues surnaturelles, dans tous ses actes, s'élève assurément au-dessus de la considération des choses présentes, il obéit à des mobiles d'ordre idéal, plus encore, semble-t-il, que celui qui prend pour règle le souci de sa réputation, de sa santé, ou même de l'intérêt social, mais ne plonge jamais le regard au-delà des horizons terrestres.

Comment prétendre, du reste, que le progrès moral implique l'affaiblissement graduel du sentiment religieux et une préoccupation croissante du bien-être ? Voit-on, qu'en devenant plus vertueux et surtout plus charitable et plus juste, l'homme s'affranchisse davantage des vues surnaturelles pour arrêter de préférence son regard aux choses d'ici-bas? Cependant, il en devrait être ainsi dans l'hypothèse évolutionniste. L'évolution en effet, s'il faut en croire Spencer, tendrait tout à la fois vers le perfectionnement moral de l'individu et la disparition des croyances au surnaturel. Mais le contraire n'est-il pas plutôt vrai? La vertu, comme ces plantes délicates auxquelles tous les milieux ne peuvent convenir, ne réclame-t-elle pas une atmosphère religieuse pour s'épanouir complètement et porter tous ses fruits? N'est-ce pas un fait remarquable que les œuvres du plus pur altruisme se soient généralement inspirées d'une pensée religieuse[1])? Les saints, dont la vie fut comme une éloquente protestation contre la morale du plaisir, ont uni à la plus grande effusion de charité envers le prochain, la foi religieuse la plus énergique. L'Évangile, ce code par

---

[1]) A ceux qui veulent des faits à l'appui de nos affirmations, nous recommanderons la lecture du livre bien connu de M. Maxime Du Camp, *La Charité privée*.

"Il n'est que loyal de reconnaître, écrit cet auteur, que toutes les fondations charitables, où tant d'infortunes ont été secourues jadis et le sont encore aujourd'hui, sont dues, en principe, à la croyance religieuse. J'en conclus que dans le labyrinthe de la vie, le meilleur fil conducteur est encore la foi. Je parle d'une façon désintéressée, car je n'ai pu la saisir, etc. etc. „

excellence de la fraternité humaine, est aussi par excellence le code de l'amour de Dieu. Et il est permis de croire que l'humanité souffrante attendrait encore longtemps la venue en ce monde de ces héros de la charité, que la religion place sur ses autels, et dont elle nous propose l'exemple, si, au lieu de la morale du Christ, celle des évolutionnistes avait depuis dix-huit siècles présidé aux destinées des peuples. Il faudrait ignorer l'histoire pour nier que l'essor des sentiments altruistes date précisément du fait religieux le plus considérable qui soit, je veux dire l'avènement et la propagation du Christianisme. Qu'on nous permette ici une citation empruntée à une source peu suspecte :

« Aujourd'hui après dix-huit siècles, écrit Taine, sur les deux continents depuis l'Oural jusqu'aux montagnes Rocheuses dans les moujiks russes et les settlers américains, le Christianisme opère comme autrefois dans les artisans de la Galilée et de la même façon, de façon à substituer à l'amour de soi l'amour des autres ; ni sa substance ni son emploi n'ont changé. Sous son enveloppe grecque, catholique ou protestante, il est encore pour quatre cent millions de créatures humaines l'organe spirituel, la grande paire d'ailes indispensables pour soulever l'homme au-dessus de sa vie rampante et de ses horizons bornés, pour le conduire à travers la patience, la résignation et l'espérance jusqu'à la sérénité, pour l'emporter par delà la tempérance, la pureté, la bonté, jusqu'au dévouement et au sacrifice. Toujours et partout, depuis dix-huit cents ans, sitôt que ses ailes défaillent ou qu'on les casse, les mœurs publiques et privées se dégradent : en Italie, pendant la Renaissance, en Angleterre sous la Restauration, en France sous la Convention et le Directoire on a vu l'homme se faire païen comme aux premiers siècles ; du même coup il se retrouvait tel qu'aux temps d'Auguste et de Tibère, c'est-à-dire voluptueux et dur ; il abusait des autres et de lui-même, l'égoïsme brutal et calculateur avait repris l'ascendant, la cruauté et la sensualité s'étalaient, la société devenait un coupe-gorge et un mauvais lieu. Quand on s'est donné ce spectacle et de près, on peut évaluer l'apport du Christianisme dans nos sociétés modernes, ce qu'il y a introduit de pudeur, de douceur et d'humanité, ce qu'il y maintient d'honnêteté, de bonne foi et de justice. Ni la raison philosophique, ni la culture artistique et littéraire, ni même l'honneur féodal, militaire et chevaleresque, aucun code, aucune administration, aucun gouvernement ne suffit à le suppléer dans ce service. Il n'y a que lui pour nous retenir sur notre pente natale, pour enrayer le glissement insensible par lequel incessamment et de tout son poids originel, notre race rétrograde vers ses bas-fonds. Et le vieil Évangile, quelle que soit son enveloppe présente, est encore le meilleur auxiliaire de l'instinct social. »

Du reste, Spencer ne conteste pas l'influence civilisatrice de la morale religieuse ; il en fait un facteur important de l'évolution, il en reconnaît la haute antiquité et l'action encore vivace sur un grand nombre de nos contemporains. Mais s'il en est ainsi, si les sanctions naturelles sont reconnues insuffisantes par la sagesse de tous les peuples, si, aujourd'hui comme jadis, la religion demeure la grande école des vertus morales et notamment du dévouement au prochain, sur quel fondement, encore une fois, repose cette prédiction qu'un jour viendra où l'homme, affranchi de la croyance à la vie future, trouvera, dans la seule prévision des conséquences naturelles de ses actes, un stimulant suffisant à la pratique des vertus les plus héroïques et un frein non moins efficace aux entraînements de la passion ? Singulière morale, en vérité, que celle de l'évolution, puisque, depuis tant de siècles, elle ne serait parvenue à conduire les hommes dans la voie du progrès qu'en dissimulant, en quelque sorte, ses principes derrière les enseignements de la morale religieuse, qu'elle se croit, d'autre part, le droit de condamner au nom de la science. Et ne serait-il pas pour le moins étrange que l'humanité, parvenue au plus haut degré de la perfection morale grâce à l'influence des mobiles surnaturels, se soustrayât finalement à cette influence pour devenir incroyante ? Au surplus, en admettant que le divorce de la morale et de la religion doive s'opérer un jour, y aurait-il vraiment lieu de s'en réjouir et de partager les vues optimistes de Spencer touchant l'état futur de notre espèce ? Nous ne le pensons pas. Une conclusion tout opposée nous paraît bien plutôt se dégager des enseignements de l'histoire. On reconnaît dans la religion et d'une manière plus précise dans le Christianisme le grand facteur du progrès social ; n'est-il donc pas permis de craindre que, ce facteur venant à disparaître, la moralité elle-même n'en reçoive un contre-coup funeste ? Au moins Spencer devrait-il nous dire par quoi il entend remplacer l'action de ces mobiles religieux dont il n'a pu s'empêcher de reconnaître l'efficacité souveraine.

D'ailleurs, le rôle de la religion n'est pas seulement de sanctionner les obligations sociales. Son universalité résulte d'un besoin général et permanent du cœur et de l'esprit humains. Il nous faut un idéal vers lequel puissent s'orienter les aspirations de notre cœur; il nous faut une explication au problème de l'Univers. Spencer le reconnaît dans ses « Premiers Principes », le désir de connaître le pourquoi des choses tourmente incessamment l'esprit humain ; nous tendons vers l'Absolu, non moins par les lois de l'intelligence, que par les aspirations du cœur. Or cet Absolu, la religion nous le révèle, elle nous met en communication avec lui. L'homme rêve d'un bonheur sans mélanges, la possession de Dieu doit le lui procurer ; l'homme veut connaître les raisons dernières des choses, et c'est encore en Dieu qu'il les découvrira. Mais si la religion répond à ce besoin de la nature, comment

Spencer comblera-t-il le vide que sa disparition aura laissé dans l'âme humaine ?

Par la science ? Mais, le penseur anglais ne professe-t-il pas ailleurs que la science doit demeurer confinée dans le monde des phénomènes, qu'elle ne peut en sortir sans dépasser la limite du connaissable ? S'élevant à la conception d'une cause première, elle se confondrait avec la religion, Spencer le dit expressément. Avec une loyauté digne d'éloges, il confesse quelque part que si l'on admet une cause première et que l'on entreprend de raisonner sur sa nature, il faut en bonne logique lui reconnaître les attributs d'une personnalité supérieure.

Direz-vous donc que l'humanité pourra jouir d'une félicité sans mélanges, bien qu'un besoin essentiel de sa nature demeure inassouvi? Mais le bonheur parfait n'implique-t-il point, par définition même, la satisfaction de toutes les exigences de l'être ? Prétendrez-vous, au contraire, que la croyance au surnaturel n'est que transitoire et accidentelle ? On ne saurait concevoir une affirmation plus gratuite. S'il est jamais permis en effet de fonder quelque induction sur les données de l'histoire, il faut bien convenir qu'un fait aussi

192 L'HYPOTHÈSE ÉVOLUTIONNISTE EN MORALE.

universel et permanent que la croyance au surnaturel ne peut tenir qu'à un besoin essentiel de notre être [1]). Et ainsi apparaît une fois de plus le côté arbitraire du système que nous discutons.

---

[1]) Dans ses " Premiers principes „ Spencer reconnaît en termes formels la légitimité de cette conclusion. Un fait aussi considérable que l'existence des religions, nous dit-il, ne peut s'expliquer par des circonstances accidentelles. Il dérive de la nature. Si le genre humain croit généralement que quelque chose d'absolu existe, c'est un signe que cette croyance lui est naturelle. Aussi, le chef de l'école évolutionniste reconnaît-il à la religion le droit d'affirmer la réalité de l'Absolu: mais elle a tort, selon lui, de le vouloir définir. C'est là une entreprise qui surpasse les forces de notre entendement. Qu'on nous permette à ce sujet une simple réflexion : La religion ne manifeste pas seulement le besoin de croire à un absolu quelconque, vague et indéterminé, mais bien à un absolu personnel dont elle fait l'objet de son culte. La même tendance de l'esprit, qui nous porte à supposer à l'origine des choses une cause première, nous porte aussi à affirmer sa personnalité. Pourquoi donc Spencer admet-il l'enseignement de la religion touchant l'existence de l'Absolu, tandis qu'il le repousse en ce qui concerne son essence ? Les affirmations de la foi sont tout aussi catégoriques dans l'un et l'autre cas et trahissent le même besoin foncier de la nature. Conséquemment, s'il est permis de tirer quelque conclusion de l'universalité et de la permanence des religions, il faut dire que la croyance à la divinité, c'est-à-dire à quelque personnalité transcendante, ne nous est pas moins naturelle que la croyance même à l'Absolu. Au surplus, en supposant l'Absolu radicalement inconnaissable et " en dehors des conditions mêmes

3° *L'affaiblissement graduel du sentiment du devoir*, constituerait, avons-nous vu, un autre caractère de l'évolution des mobiles moraux.

Par l'effet du perfectionnement moral de l'humanité, nous a dit Spencer, la vertu deviendra chose toujours plus attrayante. Un jour viendra où nous ferons le bien spontanément, non plus par devoir, mais par plaisir.

Ici encore il importe de distinguer la vérité de l'erreur. Certes, à mesure qu'un homme progresse dans la vertu, il goûte davantage les satisfactions intimes qu'elle procure, et par cela même les séductions du mal exercent moins d'empire sur lui. Ainsi, en accomplissant la loi, il agit de moins en moins par contrainte. La crainte de Dieu n'est que le commencement de la sagesse. Cependant peut-on dire que le progrès moral aille atténuant de plus en plus dans les âmes le sentiment du devoir? Il est difficile, nous semble-t-il, d'attacher à ces mots le sens spécial que

---

sous lesquelles une chose peut être pensée „, n'est-il pas pour le moins étrange que l'esprit humain cherche incessamment, en vertu d'une loi même de sa constitution, à s'élever au-dessus du monde de l'expérience, pour pénétrer dans un domaine qui n'est point le sien, manifestant ainsi une tendance nullement en rapport avec ses aptitudes naturelles?

13

Spencer leur attribue. Le sentiment du devoir ne réside pas essentiellement, comme le veut l'auteur, dans la crainte servile d'un châtiment ou le désir égoïste d'une récompense. Autre chose est agir par intérêt ou par crainte, autre chose agir par devoir. Qu'est-ce donc que le devoir, au sens philosophique du mot? C'est un jugement impératif de la raison, qui s'impose à la volonté non pas d'une manière arbitraire, mais en vertu de certaines relations d'ordre établies par Dieu. Avoir le sentiment du devoir, c'est avoir le sentiment d'une loi transcendante dont on reconnaît l'autorité et le fondement rationnel. Agir par devoir c'est accomplir cette loi pour elle-même, ou mieux encore, parce que l'on y découvre le reflet d'une raison absolue et souveraine. L'homme de devoir n'agit donc point sous l'empire de la coercition, c'est librement qu'il se soumet aux exigences de sa raison; ni la crainte d'un châtiment, ni la recherche égoïste du plaisir, ne constituent les mobiles dominants de sa conduite, mais bien plutôt l'amour désintéressé de l'idéal.

Quant à prétendre que les hommes s'élèveront, spontanément et par le seul jeu de leurs instincts, à une telle perfection morale qu'ils pourront se passer un jour de toute sanction civile ou religieuse et pratiqueront la vertu sans effort, mais uniquement par plaisir, c'est encore là une de ces affirmations gratuites telles que nous en avons déjà relevées maintes fois au cours de cette discussion. Le mot *vertu*, en usage dans toutes les langues, indique assez que l'accomplissement de la loi morale exige un effort de la volonté aux prises avec les passions. L'histoire de l'humanité tout entière, et spécialement celle de ces hommes d'élite, dont la grandeur morale est unanimement célébrée, atteste bien cette sorte de dualité de la nature, cette lutte entre les bons et les mauvais penchants. Or, dans le combat de l'homme contre lui-même, se manifeste une force qui seule peut assurer le triomphe de la vertu et qui est précisément l'énergie volontaire ou morale. Cette énergie, Spencer semble l'ignorer, il ne veut voir qu'une lutte entre des instincts égoïstes et altruistes et prédit le triomphe définitif des seconds. A l'en croire, ce triomphe serait inévitable. Par la force des choses l'équilibre s'établirait un jour entre les penchants inférieurs et les penchants supérieurs ; le plaisir cesserait de se trouver en opposition avec la vertu, il n'y aurait plus de passions nuisibles et par conséquent les freins moraux deviendraient inutiles. Prédiction consolante, sans doute ! Mais quels principes ou quels faits nous permettent d'y ajouter foi ? Nous venons de le dire, de tout temps l'accomplissement du devoir a nécessité les efforts pénibles de la volonté ; les hommes les plus vertueux n'ont pas été les moins éprouvés par la tentation. Leur volonté ne s'est fortifiée que dans la lutte. Comment croire qu'il n'en sera plus ainsi à l'avenir ? Voit-on que la pratique de la vertu devienne de jour en jour plus facile au grand nombre des hommes ? La lutte de l'esprit contre la chair, dont parlait saint Paul, est-elle sur le point de prendre fin ? La prudence, le courage, le dévouement au prochain, la tempérance, la chasteté sont-ils devenus choses communes ? Et s'il faut reconnaître le progrès des vertus morales au sein des sociétés chrétiennes, ce progrès n'a-t-il pas son origine dans l'influence encore persistante et vivace de l'éducation religieuse qui a façonné nos institutions et nos mœurs, plutôt que dans je ne sais quelle évolution fatale des choses ?

4o — LE POINT DE VUE SOCIOLOGIQUE.

Que penser enfin de la prétendue évolution de la conduite envisagée au point de vue sociologique ? On aperçoit aussitôt ce qu'il y a d'arbitraire dans la doctrine de Spencer sur ce point.

L'auteur nous a montré plus haut l'humanité s'acheminant insensiblement, sous la seule impulsion de ses instincts, vers un état social parfait. Cet état, s'il faut en croire le philosophe anglais, assurerait à tous la plus grande somme possible de jouissances, en même temps qu'il déterminerait l'épanouissement de toutes les vertus sociales.

Qu'est-ce à dire, sinon que le progrès moral et le progrès matériel se poursuivent parallèlement ou, mieux encore, qu'ils ne sont l'un et l'autre que deux aspects de la même loi d'évolution ? Mais cette conclusion qui se dégage de l'hypothèse évolutionniste est-elle ratifiée par les faits ? Il ne nous paraît guère.

Sans doute, des conditions d'existence par trop pénibles mettent obstacle au progrès même des mœurs et rendent la pratique des vertus sociales spécialement difficile. Il n'en est pas moins vrai que le niveau moral d'un peuple est loin de pouvoir se mesurer toujours à son degré de civilisation matérielle. Ainsi que nous avons déjà eu l'occasion de le dire, un bien-être excessif énerve les volontés et les facultés supérieures de la nature, en multipliant les exigences des passions. Habitué à se laisser vivre au gré de ses caprices, l'homme conçoit une aversion de plus en plus vive pour tout effort, il ne tarde pas à devenir un stérile jouisseur. Or, ce n'est point dans un milieu de jouisseurs que se rencontrent généralement les sentiments élevés qui constituent notre perfection morale. Il n'y faut point chercher notamment l'esprit de sacrifice et de dévouement au prochain. L'égoïsme, au contraire, s'y donne libre carrière. Bien plus, pour être étrange le fait n'en est pas moins certain, l'homme sensuel devient aisément cruel. En quête de plaisirs raffinés, il finit par les chercher dans le spectacle des souffrances d'autrui. L'histoire nous fournit sous ce rapport des exemples frappants. En visitant les ruines de l'ancienne Rome, on est surpris de voir, à côté des débris d'une civilisation raffinée, les vestiges de mœurs barbares et cruelles. Il n'était pas d'hommes plus odieusement égoïstes, ni plus sanguinaires, que ces jouisseurs du monde païen, habitués à un bien-être et à un raffinement de plaisirs, dont le confort moderne ne peut donner qu'une faible idée.

Or si l'humanité, poussée par les instincts de la vie animale (besoin de vivre et de jouir), marchait fatalement dans la voie d'un progrès indéfini, tant moral que matériel, il suffirait, pour assurer le règne de la vertu en ce monde, de poursuivre avec une ardeur croissante la satisfaction des appétits.

De plus, la loi d'évolution étant absolue et universelle, puisque, selon les partisans de la théorie du progrès, elle tient en quelque façon à l'essence même des choses, on en devrait voir l'accomplissement dans chaque individu en particulier, aussi bien que dans l'ensemble de l'humanité. Conséquemment, il serait vrai de dire que l'individu se conforme d'autant mieux à la loi suprême de la moralité qu'il recherche davantage le plaisir. Spencer n'enseigne-t-il pas, en effet, que le but suprême de la conduite est de rendre la vie aussi agréable que possible? Partant, il n'y aurait point de meilleure école pour les mœurs que celle du sensualisme. L'individu, tout comme la société, serait d'autant plus vertueux que, tourmenté par une soif plus ardente de jouissances, il ferait plus d'efforts pour l'assouvir.

Sans doute, Spencer prend soin de nous dire que la recherche du plaisir ne peut être égoïste, que le bien-être de l'humanité future exige parfois le sacrifice de notre bien-être personnel. Mais, outre qu'une telle prescription paraît absolument arbitraire et dépourvue de sanction, elle ne se concilie guère avec le système général de l'auteur. Car si, comme il le veut, l'instinct de la jouissance est le mobile suprême de la conduite humaine et le principe même de son évolution, c'est qu'il existe dès à présent une harmonie foncière entre notre bien-être à nous et celui des autres. En poursuivant exclusivement le premier, nous ne manquerions donc pas de contribuer en quelque manière au second. Notre observation conserve dès lors toute sa portée : dans l'hypothèse de Spencer, le déchaînement des appétits individuels devrait favoriser l'épanouissement des vertus morales, loin d'y mettre obstacle. Au lieu d'un égoïsme odieux, l'altruisme le plus pur serait le caractère dominant du jouisseur.

RÉSUMÉ.

Résumons brièvement les critiques que nous venons d'adresser à la morale évolutionniste.

1º En groupant indistinctement sous le nom de *conduite morale* tous les actes de l'animal ou de l'homme qui ont pour but la conservation et l'augmentation de la vie, l'auteur n'a point su reconnaître les vrais caractères de la moralité. Il n'a pas tenu compte des idées traditionnelles de responsabilité et de devoir qui sont de l'essence même de nos jugements moraux.

2º La loi d'évolution déterminant le progrès parallèle des structures des fonctions et de la conduite est loin d'être aussi absolue que le pense Spencer. La conservation de l'individu et de l'espèce n'apparaît pas toujours mieux garantie aux degrés supérieurs de la vie animale qu'aux degrés inférieurs. Même à ne considérer que la conduite humaine, s'il est vrai que l'état sauvage réalise généralement des conditions peu favorables à l'existence, par contre, la civilisation peut devenir une source de décadence aussi bien physique que morale. De plus, puisque l'évolution tend essentiellement à diminuer ici-bas la somme des souffrances, à accroître celle des plaisirs, l'être qu'elle perfectionne, devrait, semble-t-il, devenir de moins en moins susceptible de souffrir, de plus en plus apte à jouir. Or le contraire a lieu. La capacité de souffrir est en raison directe de celle de jouir. La sensibilité en se développant devient, il est vrai, une source de plus grandes jouissances, mais aussi, de plus grandes souffrances.

Enfin l'être le plus parfait que l'évolution ait produit, est précisément celui dont les désirs rencontrent le plus de déceptions ici-bas.

3° Il est très vrai de dire que l'homme tend au bonheur par une loi essentielle de sa nature. Mais Spencer a méconnu la vraie portée de cette tendance, et s'est mis dans l'impossibilité de préciser la règle suprême de la conduite, en plaçant notre fin dernière dans les jouissances de la vie présente.

4° L'auteur repousse avec raison l'opinion des moralistes qui cherchent le fondement de la distinction entre le bien et le mal ailleurs que dans la nature même des choses. Toutefois ses critiques n'atteignent pas la morale théologique sainement interprétée.

5° Envisageant la conduite au point de vue biologique, il nous décrit bien le rôle des états psychiques dans le fonctionnement général de la vie. Cependant ici encore l'hypothèse de l'évolution se heurte à des objections de fait : les corrélations entre les impressions agréables et les choses utiles n'apparaissent pas plus constantes dans la vie de l'homme que dans celle de l'animal. Au contraire, les excès de la passion sont plus fréquents chez le premier que chez le second. On ne voit donc pas que l'agréable et l'utile tendent à se confondre de plus en plus à mesure que l'on s'élève dans la hiérarchie des êtres.

6° En ce qui concerne l'évolution psychique de la conduite, nous avons fait les observations suivantes :

a) La prépondérance des mobiles idéaux (impressions faibles) sur les mobiles sensibles (impressions fortes) ne s'explique guère dans le système de l'auteur. Il semble, en effet, qu'elle viole une loi bien connue d'après laquelle la réaction doit toujours correspondre à l'action la plus énergique.

b) Les affirmations de Spencer touchant la disparition des idées religieuses, et cela en vertu même du progrès moral, sont *a priori* et arbitraires. Elles ne se justifient pas plus en fait qu'en raison. La moralité s'est toujours appuyée sur la religion et spécialement sur le Christianisme comme sur son fondement le plus solide. Ce fondement ébranlé, il est rationnel de croire que l'humanité retournerait bientôt à la barbarie. Telle est la seule conclusion qu'autorisent les faits. Spencer oublie de nous dire par quoi il remplacera l'action des mobiles religieux dont il reconnaît pourtant l'efficacité souveraine au point de vue moral; il ne nous dit pas davantage comment il comblera le vide que la disparition de la foi religieuse aura laissé dans l'âme humaine.

c) Le sentiment du devoir ne réside pas essentiellement, comme le veut l'auteur, dans la crainte servile d'un châtiment. Il suppose la reconnaissance d'une loi absolue et l'amour désintéressé de l'idéal. Son affaiblissement est un signe de décadence, non de progrès moral. Rien ne prouve, au surplus, que l'exercice de la vertu tende à devenir chose de plus en plus facile et agréable à la généralité des hommes.

7° Quant au développement de la conduite au point de vue social, il résulterait de l'hypothèse évolutionniste que le progrès moral des sociétés marcherait de pair avec leur progrès matériel ; or, l'histoire ne confirme nullement cette conclusion.

III.

LA MORALE ÉVOLUTIONNISTE AU POINT DE VUE PRATIQUE.

Les vérités morales, on le sait, n'appartiennent pas au domaine purement scientifique ou théorique. Elles ne s'adressent aux intelligences que pour régir les volontés. Certes, la science, elle aussi, offre un côté éminemment pratique. La connaissance des forces de la nature doit nous permettre de les diriger et de les utiliser ; on peut toutefois considérer une vérité scientifique en elle-même, abstraction faite du point de vue utilitaire ou pratique. Au contraire, une vérité morale est par essence une règle de conduite et ne se conçoit pas autrement. De plus, la raison lui reconnaît une autorité spéciale, un caractère impératif que ne possèdent à aucun degré les lois de la science. Seule donc la morale prétend au gouvernement général de la vie humaine. Seule elle a pour mission de faire l'éducation des âmes, c'est-à-dire de leur inculquer un ensemble de croyances et de sentiments capables de les porter au bien et de les détourner du mal.

De là une conclusion importante.

La vraie morale n'indiquera pas seulement aux hommes une règle de conduite à suivre, elle leur montrera encore des motifs souverains et vraiment efficaces d'y conformer leurs actes. Elle ne sera pas seulement faite pour une élite, mais pour l'humanité. Basée sur la nature, elle saura trouver le chemin de toutes les âmes et en utilisera toutes les énergies pour le bien. Essentiellement agissante, elle apparaîtra dans l'histoire comme une source permanente de progrès et de vie et ses œuvres suffiront à la distinguer des opinions et des systèmes.

Tout autre sera le caractère de ces derniers. Impuissants à régir les mœurs, se détruisant les uns les autres, ils ne sortiront le plus souvent du domaine de la spéculation que pour exercer sur la vie individuelle et sociale une action dissolvante. Au lieu des convictions qui font agir, ils n'engendreront en général que le doute qui énerve.

Incapables de rien édifier, ils se montreront tout puissants pour détruire.

C'est donc avant tout au point de vue pratique qu'il convient de se placer pour apprécier une doctrine morale, et l'on comprend dès lors l'importance que présente ici le témoignage des faits.

Or, que nous dit l'histoire ?

La morale n'a jamais pu se passer pour gouverner les hommes des idées de devoir, de responsabilité, de sanctions surnaturelles. De l'aveu même de Spencer, ces idées forment encore aujourd'hui le fond de nos intuitions morales. Jamais on n'a conçu l'ordre moral sans le devoir, et l'idée du devoir à son tour a toujours paru indissolublement liée dans la conscience populaire à celle d'une autorité transcendante prescrivant le bien et défendant le mal. En vain certaine philosophie s'est-elle efforcée de séparer ces deux notions. Privé de son fondement religieux, le devoir n'a plus paru qu'une formule creuse, un préjugé d'éducation que l'école naturaliste, plus logique en cela que le rationalisme, n'a point hésité à traiter d'illusion. Ainsi donc, union intime de la religion et de la morale, impuissance de la philosophie à régir les mœurs, tel est le fait qui ressort avec évidence des enseignements de l'histoire. Ce fait nous apparaît dès les temps les plus reculés. La morale semble sortie du sein même de la religion, elle n'a jamais cessé de s'appuyer sur elle, elle s'est développée sous son égide. Toutes les grandes religions de l'antiquité, spécialement celles de l'Orient, se sont constituées gardiennes de l'ordre moral, rattachant les prescriptions du devoir à quelque autorité transcendante, supérieure à la conscience humaine. En Chine, le principe de la morale réside dans la volonté d'un Dieu personnel, « le ciel ». Dans les Indes, quinze siècles avant Jésus-Christ, les Aryas reconnaissent dans leur dieu Varuna le témoin caché de toutes les actions humaines et le vengeur de la justice. Un de leurs hymnes ne témoigne pas avec moins d'évidence de leur croyance à l'immortalité.

L'ancienne religion védique, sorte de polythéisme naturaliste, contient l'idée d'un ciel et d'un enfer éternels. Dans le Brahmanisme, comme dans le Bouddhisme, il est question d'une loi supérieure et absolue condamnant l'homme à expier ses fautes après cette vie dans une série d'autres existences. Sans doute, cette loi n'est pas représentée comme l'acte d'un législateur suprême, mais plutôt comme une sorte de nécessité naturelle. On sait notamment que Bouddha, abandonnant les spéculations métaphysiques des Brahmes, refusait de se prononcer sur la question de l'existence et de la nature de la cause première. Il n'en faudrait pas conclure cependant que nous nous trouvions ici en présence d'une morale indépendante et humaine, au sens moderne du mot.

Brahmanisme et Bouddhisme [1]) revêtent au contraire à certains points de vue un caractère nettement mystique et religieux, imprégnés qu'ils sont l'un et l'autre de la croyance à la vie future

---

[1]) Il importe de distinguer le Bouddhisme *philosophique* du Bouddhisme *populaire*. Le premier écarte systématiquement l'idée de la divinité. Le second est un grossier polythéisme. Aucun fait ne témoigne avec plus d'énergie des besoins religieux de l'humanité que les altérations que le Bouddhisme a dû subir pour devenir populaire. Bouddha n'a point osé interdire à ses adeptes le culte des dieux de l'ancien Brahmanisme. Il s'est contenté de les reléguer à un rang inférieur. En quête d'une morale indépendante, il a cependant fait appel, pour en appuyer les prescriptions, aux sanctions d'outre-tombe. Après avoir tenté cette singulière entreprise de fonder une religion sans Dieu, il a fini par devenir lui-même dans la pensée de ses fidèles une sorte de divinité. Tant il est vrai de dire que les systèmes sont impuissants contre les penchants de la nature.

et aux châtiments d'outre-tombe [1]). C'est pour éviter ces châtiments, que les ascètes du Brahmanisme et les moines bouddhistes pratiquent la mortification et la pénitence. Malgré son agnosticisme, et son hostilité à l'endroit des Brahmes, Bouddha n'hésite point à leur emprunter cette idée de la rétribution future, reconnaissant ainsi avec tous les grands fondateurs de religion l'insuffisance des sanctions temporelles et la nécessité d'en appeler à quelque justice supérieure.

L'idée de la justice divine se retrouve sous une forme plus précise encore chez les Perses, dans la Chaldée, en Babylonie et surtout en Égypte. Chez ces peuples, la loi transcendante sur laquelle s'appuie l'ordre moral n'a point une réalité plus ou moins vague et indéterminée comme dans le Brahmanisme et le Bouddhisme; elle se confond avec la volonté d'un Dieu nettement personnel qui ordonne le bien et défend le mal. Dans toutes les anciennes civilisations de

[1]) En outre, l'idée d'une révélation se retrouve sous une forme très explicite dans le Brahmanisme. Le Veda est un livre sacré où se trouve consignée une parole divine qui a retenti dans le monde dès l'origine et dont les Brahmes sont les interprètes. La violation de cette loi mystérieuse entraîne des châtiments rigoureux après cette vie.

l'Orient, la morale place ses prescriptions sous l'autorité de la religion. Loin de se relâcher, leur union se consolide chez les peuples dont le niveau moral s'élève. On ne voit pas que la morale, vraiment digne de ce nom, celle qui a su inspirer aux hommes l'amour pratique de la vertu, ait cherché à se constituer sur un fondement purement humain. Bien au contraire, plus ses préceptes ont été purs et efficaces, plus aussi s'est accentué son caractère religieux.

L'homme ne put jamais croire que la divinité assistât indifférente à ses actions. Même aux temps de la décadence grecque et romaine les dieux, quelque dépravés que les eût faits la mythologie, continuaient à passer aux yeux du peuple pour les vengeurs attitrés de la justice. A cette époque toutefois la morale paraissait devoir se détacher de la religion. Telle était la déchéance de celle-ci que, loin de sauvegarder les mœurs, elle contribuait à les corrompre, souillant l'imagination populaire par l'obscénité de ses rites, de ses représentations, de ses récits mythologiques. Les philosophes assumèrent alors la mission dont la religion s'était montrée indigne. Les uns firent appel pour encourager les efforts de la vertu à des mobiles d'ordre exclusivement temporel ; rompant avec la tradition, ils entreprirent de constituer une morale indépendante. Les autres, mieux inspirés, cherchèrent la réforme des mœurs dans celle des idées religieuses et s'élevèrent à une conception philosophique très pure de la divinité. Néanmoins ni les uns ni les autres n'empêchèrent le scepticisme d'envahir de plus en plus les classes lettrées, tandis que le peuple versait dans les plus grossières superstitions. Leurs efforts ne semblent même pas avoir ralenti le mouvement de décadence qui entraînait la civilisation païenne à une ruine définitive.

On sait comment le christianisme seul opéra le relèvement moral de l'humanité. La morale la plus pure et la plus efficace devait être aussi la plus religieuse. Nulle doctrine n'exerça une telle action civilisatrice, nulle n'affirma non plus avec autant de force le fondement divin du devoir.

Une conclusion s'impose dès lors à quiconque interroge impartialement les faits :

La conscience morale chez tous les peuples

---

[1]) Voir sur cette question des rapports de la religion et de la morale chez les différents peuples, l'abbé DE BROGLIE : *La morale sans Dieu*, et aussi *Histoire des religions*.

implique, à des degrés divers, les croyances au devoir, à la responsabilité, à la réalité d'une justice transcendante ou divine. L'énergie de ces croyances, leur ascendant sur les âmes donne la mesure exacte du progrès moral. Quelque opinion que l'on professe sur leur valeur objective, on ne contestera pas qu'elles aient toujours été considérées par la sagesse des nations comme les stimulants les plus efficaces de la vertu. La morale n'a jamais pu s'en passer pour gouverner les hommes. Sans doute, on ne peut méconnaître l'efficacité et le caractère éminemment respectable de certains motifs d'ordre purement humain, comme le souci de notre réputation ou de notre dignité personnelle. Mais, outre qu'ils n'auront d'influence que sur quelques individus et dans des cas spéciaux, de tels motifs ne conféreront jamais au devoir une autorité absolue, parce qu'ils se rapportent à des biens essentiellement relatifs et diversement appréciables. Au reste, le sentiment de l'honneur et de la dignité personnelle, le jugement de l'opinion publique, ne se justifient en dernière analyse que par des considérations d'un ordre supérieur, à défaut desquelles ils ne sont plus que des préjugés sans fondement, incapables de résister à l'épreuve d'une critique approfondie.

Quoi qu'il en soit, l'insuffisance d'une morale purement humaine ressort avec assez d'évidence des enseignements de l'histoire, et de l'expérience même des temps présents [1]). Il est d'ailleurs certain *à priori* que le sentiment de notre responsabilité vis-à-vis d'un justicier suprême, témoin perpétuel de nos actions, est bien fait pour nous aider à réprimer les penchants pervers de la nature. C'est surtout aux heures troublées de la tentation que l'homme éprouve le besoin de considérer le devoir comme l'expression d'une volonté supérieure, et l'idéal, auquel on lui ordonne de se sacrifier, comme quelque chose de plus qu'un simple concept de l'esprit.

Et maintenant, comment apprécier une philosophie qui, au mépris des enseignements de l'histoire et de l'expérience des siècles, entreprend de refaire l'éducation des âmes sur des bases nouvelles, répudiant toutes les idées et tous les sentiments qui ont paru jusqu'ici se confondre avec l'essence même de la moralité ?

Telles sont pourtant les prétentions de l'école

---

[1]) Voir à ce sujet les aveux de M. ALFRED FOUILLÉE dans son livre récent: *La France au point de vue moral.*

naturaliste. Non seulement elle substitue à l'idée d'un Dieu personnel, gardien de la justice, le concept indéterminé d'un absolu relégué dans quelque région totalement inaccessible à l'esprit, non seulement elle ne veut voir dans l'idée de la vie future et de ses sanctions que le rêve enfantin de l'imagination populaire, mais encore, plus logique en cela que l'école rationaliste, elle s'attaque au sentiment même de la liberté, de la responsabilité et du devoir.

Toutes ces choses, considérées jusqu'ici comme les fondements mêmes de l'ordre moral, ne sont pour les nouveaux docteurs que de vaines illusions de la conscience. Ils proclament qu'une loi d'évolution et de progrès régit tous les événements, les actes humains avec la même fatalité que les phénomènes physiques. Mais ils ne voient pas qu'en détruisant en nous le sentiment de la liberté et de la responsabilité, ils risquent de tarir la source même de notre énergie morale. Cependant, après avoir privé la vertu de ses stimulants, et proclamé la jouissance but suprême de la vie et mobile de toutes nos actions, ils espèrent nous amener à la pratique de l'esprit de sacrifice et de dévouement par la promesse d'un âge d'or, mais encore si lointain, que, de leur propre aveu, jamais nous n'en pourrons goûter les charmes. « Agis afin que se réalisent un jour les conditions d'un état social parfait ; dompte tes passions, mets un frein à ton égoïsme, sacrifie-toi au bien d'autrui, afin que tes sentiments humanitaires, transmis à tes descendants, fortifiés de génération en génération, par l'action combinée de l'hérédité et de l'habitude, fassent aux hommes de l'avenir comme une nature nouvelle et leur rendent facile et agréable ce que tu auras fait par devoir. Que si le travail te courbe sous son joug et si la souffrance t'accable, prends patience à la pensée que dans un avenir indéterminé d'autres êtres bénéficieront de tes labeurs et de tes peines. »

Noble désintéressement, en vérité ! Mais n'est-il pas à craindre que la personnalité humaine ne revendique ses droits en présence d'une doctrine qui sacrifie aussi complètement l'individu à l'espèce ? Les hommes d'aujourd'hui, auxquels on apprendra que la vie est le grand moyen de jouir et que c'est là son unique but, consentiront-ils à réprimer leur besoin impérieux de jouissance pour assurer le bien-être des hommes de l'avenir ?

La perspective d'un âge d'or que seule l'humanité future doit connaître, engagera-t-elle les déshérités de ce monde à accepter sans révolte le poids de l'existence ? En vérité, il faut pour le croire la foi robuste de Spencer au dogme de l'évolution !

Au moins devrions-nous savoir avec quelque précision en quoi consistera ce bonheur de l'humanité future auquel on nous commande de consacrer tous nos efforts [1]). On nous fait voir, il est vrai, l'évolution aboutissant à un état social parfait caractérisé par le complet développement des sentiments altruistes. Mais prenons-y garde, ces sentiments ne constituent pas le bonheur lui-même, ils en réalisent seulement certaines conditions.

Distinguée de la bienveillance, la justice ne produit que des résultats négatifs. Son règne ne saurait se confondre avec celui d'une félicité positive. Elle empêche sans doute les conflits entre les hommes et leur évite ainsi de grands maux, mais leur procure-t-elle les éléments mêmes de la félicité ? Est-ce assez pour posséder celle-ci que personne ne nous veuille de mal ? Il est vrai, on nous

---

[1]) Voir le livre de MALLOCK : *Vivre : la vie en vaut-elle la peine ?* Traduction de SALMON.

prédit en outre le règne d'une universelle bienveillance. Mais la question qui nous préoccupe n'est point résolue pour cela. La bienveillance nous porte à travailler au bien d'autrui. Qu'on nous dise donc de quel bien il s'agit dans l'espèce. Que si notre mission ici-bas se borne à préparer l'avènement d'une société de jouisseurs et le triomphe des doctrines d'Épicure, en vérité, est-ce bien là un but digne de nos sollicitudes et capable de donner à cette vie son véritable prix et toute sa signification morale ?

A quoi bon, du reste, nous efforcer d'orienter notre conduite dans tel sens plutôt que dans tel autre ? La même fatalité ne régit-elle pas toutes choses ? Qu'importe donc que ma vie soit faite de labeurs et de sacrifices ou de plaisirs égoïstes ? Ne suis-je pas certain dès à présent que tous mes actes seront ce qu'ils doivent être, étant les conséquents inévitables d'une série d'antécédents non moins inévitables ? En quoi le cours de l'évolution pourrait-il être retardé ou précipité par mon fait, du moment que tout en moi comme en dehors de moi se succède dans un ordre nécessaire et conformément à la même loi de progrès ?

FIN.

NOTICE A.

La question de notre origine simienne intéresse peut-être moins la foi qu'on ne le pense généralement.

Que nous enseigne la Bible concernant nos origines ? Elle nous apprend : 1° que l'homme est formé d'un corps et d'une âme ; 2° que l'âme du premier homme a fait l'objet d'une création spéciale ; 3° que son corps fut formé par Dieu au moyen d'une matière préexistante empruntée au monde inorganique.

Or, sur aucun de ces points la contradiction entre la Science et la Bible n'existe ni ne peut exister.

1° La Science a-t-elle fourni la preuve de l'inexistence de l'âme ? A-t-elle montré que les forces physico-chimiques suffisent pour expliquer la vie et notamment la vie intellectuelle ? Assurément non. Impuissante à découvrir l'essence intime des choses, la Science ne peut affirmer, comme on le voudrait, l'identité foncière des phénomènes ; elle n'a jamais montré que la pensée ne fut que du mouvement transformé et s'expliqua par les mêmes causes toutes mécaniques. La Science positive, celle qui fonde ses conclusions sur l'observation des faits sensibles, ne peut se prononcer sur la question de savoir quelle est la nature intime de la vie et quel en est le principe. Le problème de l'existence de l'âme n'est donc nullement de son ressort. Ceux qui font profession de positivisme ne nous contrediront pas.

2° Le problème de l'origine de l'âme, plus encore peut-être que celui de son existence, est étranger au domaine de la Science. Les conditions mêmes d'un conflit entre la Science et la Foi font ici défaut. Non seulement le conflit n'existe pas, il est impossible.

3° Quant à la formation du corps de l'homme au moyen d'éléments empruntés au règne inorganique, la Science confirme les enseignements de la Foi.

Mais cette matière dont fut formé le corps du premier homme a-t-elle été empruntée directement au règne inorganique? Ou bien Dieu s'est-il simplement servi d'une matière déjà organisée, produit de l'évolution mais qui aurait reçu ensuite la perfection anatomique spéciale qu'exigeait son union avec une âme spirituelle?

La question n'est tranchée ni au point de vue scientifique, ni au point de vue du dogme.

Elle n'est pas tranchée au point de vue scientifique, nous croyons l'avoir suffisamment montré.

Elle ne l'est pas davantage au point de vue du dogme. Dans son remarquable ouvrage, l'*Apologie scientifique de la Foi chrétienne*, ouvrage honoré d'une approbation expresse de S. S. Léon XIII et présentant par conséquent des garanties toutes spéciales d'orthodoxie, M. Duilhé de St-Projet résume ainsi l'état de la question : " Des théologiens très estimés soutiennent que la formation immédiate du corps du premier homme est de foi divine.... Des savants catholiques, laïques ou théologiens, tout en maintenant, d'après l'enseignement des Écritures, le fait de la formation du corps d'Adam par une intervention spéciale de Dieu, *formavit*, présentent comme possible, sinon comme probable, l'idée que le substratum vivant, destiné à devenir le corps de l'homme après et par l'insufflation de l'âme, a été préparé sous l'action divine par l'évolution.

. . . .

„ Une opinion moyenne qui s'écarte moins du récit biblique, suppose que Dieu utilisa pour former le corps du premier homme la matière déjà organisée en lui donnant la perfection anatomique requise pour l'introduction d'une âme raisonnable.... Cette doctrine paraît assez conforme aux idées de saint Augustin et de saint Thomas sur l'origine première et la reproduction des animaux et des plantes.

„ Dans son beau livre *la Bible et la Science*, le savant et regretté cardinal Gonzalèz, après avoir défendu l'exégèse rationnelle et traditionnelle touchant l'origine du corps de l'homme, s'exprime ainsi : " Ce n'est pas
„ moi qui me permettrai de qualifier d'aucune note
„ défavorable l'opinion du théologien anglais, tant
„ qu'elle sera respectée ou du moins tolérée par
„ l'Église „.

. . . .

„ La doctrine traditionnelle touchant la formation immédiate par Dieu du corps du premier homme est de celles qui ne doivent être discutées qu'avec la plus grande prudence, avec le plus profond respect; elle est et restera en dehors des prises de la science positive. Mais en notre âme et conscience nous ne croyons pas avoir le droit de l'imposer dès à présent comme une certitude de foi divine. " Nous ne nous permettrons pas de qualifier d'aucune note défavorable l'opinion contraire „, nous ne croyons pas pouvoir dire au savant catholique cherchant la vérité de bonne foi avec une volonté sincère de se soumettre aux décisions de l'autorité infaillible : " Vous n'êtes pas libre de penser „ autrement, vous n'êtes pas libre de chercher „. (Voir Duilhé de St-Projet, *Apologie scientifique de la Foi*, p. 370, note 2).

Au Congrès catholique de 1894, le même auteur faisait nettement la même déclaration. Au Congrès catholique de Paris en 1891, Mgr d'Hulst disait : " L'orthodoxie rigoureuse n'impose d'autres limites aux hypothèses transformistes, que le dogme de la création immédiate de chaque âme humaine par Dieu ; hors de là, s'il y a des témérités dans ces hypothèses, c'est par des arguments scientifiques qu'il faut les combattre. „ *(Compte rendu 1891, section d'anthropologie*, p. 213).

Nous lisons d'autre part dans Guibert, *Les origines, problèmes d'Apologétique* : " Le livre du P. Leroy (adversaire de l'opinion traditionnelle) a été non pas mis à l'Index, comme quelques auteurs le disent faussement, mais improuvé au point d'être désavoué publiquement par l'auteur et retiré du commerce. Mais il résulte d'une correspondance qui nous a été communiquée, que l'ouvrage avait été suspect parce que l'auteur n'y enseignait pas assez formellement la création immédiate de l'âme humaine. „

Ne semble-t-il pas, du reste, que la question de l'origine du premier organisme humain importe assez peu au point de vue de l'enseignement dogmatique et moral que visait spécialement l'auteur de la Genèse ? Car enfin, que le corps du premier homme ait été formé d'une matière directement empruntée au règne inorganique, ou d'une matière organisée, préparée dans une certaine mesure par l'évolution, il n'en reste pas moins vrai que Dieu est l'Auteur de notre vie, tant physique qu'intellectuelle et morale, que notre âme a été créée par Lui, enfin que, si la pensée de nos origines surnaturelles doit nous rappeler nos destinées futures et notre dignité, celle de nos origines terrestres est bien faite pour nous prémunir contre l'orgueil.

NOTICE B.

Au sujet de l'invariabilité des procédés instinctifs on pourrait nous objecter que les fourmis, les abeilles, certaines espèces d'oiseaux savent au besoin modifier leurs constructions afin de les adapter à de nouvelles conditions de milieu.

Nous avons déjà reconnu qu'en effet l'invariabilité de l'instinct n'est pas chose absolue. Elle n'en constitue pas moins pour l'ensemble de l'industrie des animaux un caractère dominant et distinctif, si l'on considère d'autre part le progrès continu de l'industrie humaine et ses transformations incessantes. Au surplus, pour bien apprécier les lois de l'instinct, il importe de placer l'animal dans des circonstances toujours identiques. On constatera alors que ses procédés de construction et son industrie ne varient pas. Ainsi, placés dans des conditions normales, tous les oiseaux de la même espèce construiront leurs nids de la même manière, et cela de génération en génération. Seul un changement des circonstances ambiantes, la nécessité de faire face à de nouveaux besoins ou de parer à un danger, pourront exceptionnellement déterminer quelque changement correspondant dans la manière d'agir de l'animal. On cite à ce sujet l'exemple très curieux des abeilles modifiant la construction de leurs alvéoles afin d'empêcher certains insectes d'y pénétrer et d'enlever le miel. De même, l'hirondelle n'a certainement pas toujours suspendu son nid aux toits des maisons. Mais ceci n'a rien de contraire à notre thèse. La nature avec ses tendances et ses impulsions innées étant l'œuvre d'une cause intelligente, on comprend qu'elle détermine l'animal à agir différemment en des circonstances différentes. Faculté organique, l'instinct est soumis comme toutes les autres facultés du même genre à la loi de l'adaptation de l'organisme au milieu. Cette adaptation, nous l'avons déjà dit, se réalise pour la plante non moins que pour l'animal ; cependant elle n'est certainement pas le fait de l'intelligence en ce qui concerne la première. On comprend donc que par l'effet des circonstances ambiantes, qui mettent obstacle à son exercice ou le favorisent, l'instinct se perde ou se développe, ou encore se développe dans tel sens plutôt que dans tel autre, ou même aille jusqu'à modifier quelque peu ses procédés habituels. Nous ne prétendons d'ailleurs en aucune façon que l'animal ne soit qu'un simple automate obéissant machinalement à des impulsions inconscientes. Même dans ses actes instinctifs, il est toujours guidé par des sensations. Grâce à sa mémoire et à sa faculté d'associer ses impressions et ses images il peut découvrir, sans faire appel pour cela à aucune notion abstraite, ni à aucun principe nécessaire, certains rapports concrets entre les choses. L'expérience lui apprendra qu'une chose lui est avantageuse ou nuisible, ou, plus exactement, qu'une chose lui procure certaines jouissances ou certaines souffrances, et il agira en conséquence. Il cherchera naturellement à reproduire des actes, qu'il a vu faire par d'autres, ou qu'il a faits lui-même, et dont il se souvient avoir retiré quelque avantage. Il fondera sur son expérience passée une certaine prévision de l'avenir. Habitué à voir le phénomène A invariablement suivi du phénomène B, il aura le pressentiment du second en voyant s'accomplir le premier. Ceci n'implique nullement chez lui l'idée abstraite de A et de B, ni la conception d'une loi générale qui les régit, ni même un vrai travail de comparaison. A se reproduisant sous ses yeux, toutes les impressions que sa présence a déjà provoquées et notamment l'image de B se reproduiront du même coup, en vertu d'une loi bien connue, celle de l'association des images. En pratique et dans la sphère étroite où s'exercent les facultés de l'animal, cette connaissance tout empirique pourra lui tenir lieu d'une connaissance scientifique proprement dite, et un observateur superficiel s'y trompera.

Observons enfin que si l'animal s'écarte parfois des procédés traditionnels de son espèce, c'est en quelque sorte malgré lui, contraint par les circonstances extérieures qui contrarient l'exercice normal de son activité, et généralement dans une mesure restreinte. Il n'y a rien chez lui de cette tendance innée qui porte l'homme à varier et à perfectionner sans cesse les procédés et les produits de son industrie et cela, parfois, sans aucun changement appréciable des conditions ambiantes.

Table des Matières.

PREMIÈRE PARTIE.

Les principes de la morale évolutionniste.

	PAGES.
I. L'idée fondamentale du système et l'objet propre de la science morale	6
II. Définition de la conduite	7
III. Évolution de la conduite	9
IV. Fondement de la distinction entre le bien et le mal ou critérium de la moralité	14
V. Diverses manières de juger la conduite	19
VI. La conduite au point de vue physique	32
VII. Le point de vue biologique	35
VIII. Le point de vue psychologique	43
IX. Le point de vue sociologique	62

DEUXIÈME PARTIE.

Discussion.

I. De l'hypothèse fondamentale du système . . 73
    A. Discussion de cette hypothèse touchant notre origine. 74
    B. Discussion de l'hypothèse touchant l'avenir de l'humanité 135

II. Principes déduits de l'hypothèse évolutionniste 143
    A. Définition de la conduite. 143
    B. L'évolution de la conduite 147
    C. La bonne et mauvaise conduite. . . . 157
    D. Différentes manières de juger la conduite 173
    E. Différents aspects de la conduite . . . 176
        1º Le point de vue physique 176
        2º Le point de vue biologique . . . 177
        3º Le point de vue psychique . . . 179
        4º Le point de vue sociologique . . . 197
Résumé 201
III. La morale évolutionniste au point de vue pratique 205
Notice A 219
Notice B 223

Louvain. — Typ. POLLEUNIS & CEUTERICK, rue des Orphelins, 52

PUBLIÉS PAR LE MÊME AUTEUR :

Les Principes du Positivisme contemporain, *(ouvrage récompensé par l'Institut)*   3 fr. 50

Étude sur le Positivisme et la Philosophie scolastiques *(Mémoire présenté au Congrès scientifique des Catholiques à Bruxelles, année 1894, section de Philosophie)*.

L'objet de la science Sociale *(brochure)*   1 fr. 00

Le problème philosophique de l'ordre social, *(brochure)*   1 fr. 00

FÉLIX ALCAN, éditeur.

Autre ouvrage de M. Jean Halleux

Les principes du positivisme contemporain, *exposé et critique*, 1895. 1 vol. in-12 . . . 3 fr. 50

Ouvrage récompensé par l'Institut.

OUVRAGES DE M. HERBERT SPENCER

TRADUITS EN FRANÇAIS

Les premiers principes. 1 fort vol. in-8, traduit par M. Cazelles, 9e édition. . . . . 10 fr.
Principes de psychologie. 2 volumes in-8, traduits par MM. Ribot et Espinas . . 20 fr.
Principes de biologie, 4e édition. 2 volumes in-8, traduits par M. Cazelles . . . 20 fr.
Principes de sociologie : Ouvrage complet en 4 vol. in-8.
    Tome I, 1 vol. in-8, 4e édition . . . 10 fr.
    Tome II, 1 vol. in-8, 4e édition . . . 7 fr 50
    Tome III, 1 vol. in-8, 2e édition . . . 15 fr
    Tome IV, 1 vol. in-8 . . . . 3 fr. 75
Essais sur le progrès, traduit par M. Burdeau, 4e édition. 1 vol. in-8 . . . . . 7 fr. 50
Essais de politique, traduit par M. Burdeau, 1 volume in-8, 4e édition . . . . . 7 fr. 50
Essais scientifiques, traduit par M. Burdeau, 1 volume in-8, 3e édition . . . . . 7 fr 50
De l'éducation physique, intellectuelle et morale, 1 vol. in-8, 10e édition . . . . . 5 fr
    Le même, édition populaire, 1 vol. in-32, 8e édit., br. 0 fr. 60 ; cart. à l'angl. . . . . . 1 fr.
Introduction à la science sociale, 1 vol. in-8, 12e éd. 6 fr.
Les bases de la morale évolutionniste, 1 vol. in-8, 6e édit. . . . . . . 6 fr.
Classification des sciences, 1 vol. in-18, 6e édit. 2 fr. 50
L'individu contre l'État, 1 vol. in-18, 5e édit. . 2 fr. 50

Résumé de la philosophie de Herbert Spencer, par H. Collins, avec préface de M. Herbert Spencer. 1 vol. in-8, 3e édition . . . . . 10 fr.

www.ingramcontent.com/pod-product-compliance
Lightning Source LLC
Chambersburg PA
CBHW060126170426
43198CB00010B/1055